Mareike Pfister
Materialien und Kopiervorlagen
zur Klassenlektüre

Mirjam Müntefering

Jäger in der Nacht

Hase und Igel®

Inhalt

Das Buch / Das Material 3

Hinweise zur Unterrichtsgestaltung und zu den Kopiervorlagen 4

Kopiervorlagen:

Vor der Lektüre
Fragen über Fragen 18

1. bis 3. Kapitel:
Mia und die Fledermäuse
Wer sagt was? 19
Vampire 20
Lustige Namen 21
Was fressen Tiere? 22
Der Körper der Fledermaus 23
Die Fledermaus im Jahreslauf 24
Kreuzworträtsel 25

4. und 5. Kapitel:
Klickklick braucht Hilfe
Achtung, Tollwut! 26
Wenn es dunkel wird 27
Sinnvolle Sätze 28
Was ist ein Quartierbetreuer? 29
Was stimmt? 30

6. und 7. Kapitel:
Ein Happy End für Klickklick
Referate halten: Freund und Feind 31
Der Trick mit dem Ultraschall 33
Meine Fledermaus-Fingerpuppen 34
Szenisches Spiel 35
Rettungsflug 36
Klickklick wird gerettet 37
Klickklick trinkt bei seiner Mutter 38

8. und 9. Kapitel:
Ein Happy End für alle
So nützlich sind Fledermäuse 39
Mein Fledermaus-Expertenbüchlein 40
Bauer Sonnmann denkt um 41
Die Rache der Riesenfledermaus 42

Nach der Lektüre
Flatterspiel 43
Fledermaus-Song 47
Zahlenfledermaus 48

Bildnachweis:
© iStock – MorePics: S. 23

www.hase-und-igel.de
Lektorat: Mira Fischer, Anna Schultes
Satz: Appel Grafik München GmbH
Illustrationen: Ulrike Baier (aus der Lektüre) und Ursula Blancke Dau (S. 31)

ISBN 978-3-86316-042-5

Das Buch

Mit etwas Glück kann man sie an lauen Sommerabenden durch die Luft flattern sehen: Fledermäuse, die Jäger der Nacht. Doch kaum hat man einen kurzen Blick auf sie erhascht, sind sie auch schon vorbeigesaust. Nur wenige haben eines dieser außergewöhnlichen Tierchen bereits aus der Nähe beobachtet. Manche Menschen haben sogar Angst vor ihnen. Dabei gehört die Vorstellung vom blutsaugenden Fledermaus-Vampir ins Reich der Legenden.

Spannend sind die kleinen Wesen allemal und lohnen eine genaue Betrachtung. Wie Vögel können Fledermäuse fliegen, doch besitzen sie keine Federn und bringen ihre Jungen lebend zur Welt. Kinder sind fasziniert von den scheuen, oftmals etwas gruselig anmutenden Tieren, die mittlerweile auf der Roten Liste der bedrohten Arten stehen. Die Populationen schrumpfen oder sind, wenn stabil, weit von einer positiven Entwicklung entfernt. Und so wie der Fledermaus ergeht es vielen anderen Säugetieren auf der Erde.

Höchste Zeit, dem Artenschutz mehr Raum zu geben, früh Aufklärungsarbeit zu leisten und die Kinder im Umgang mit der Natur zu sensibilisieren. Was eignet sich dazu besser als eine spannende Geschichte, die die Schüler in ihrer Lebenswirklichkeit abholt und zeigt, wie leicht es ist, selbst Tiere und Umwelt zu schützen?

Paul, der uns in „Jäger in der Nacht“ als Fledermaus-Quartierbetreuer begegnet, sowie die beiden Mädchen Mia und Juli, die ihn unterstützen, dienen sowohl Jungen als auch Mädchen wunderbar als Identifikationsfiguren. Mit der Lektüre begleiten Sie und Ihre Schüler die drei Kinder bei der Rettung des abgestürzten Fledermausbabys Klickklick und erleben, wie sich Bauer Sonnmann vom griesgrämigen Fledermausfeind zum couragierten Freund der nächtlichen Jäger entwickelt.

Das Buch richtet sich in Umfang und Handlungsstruktur an eine dritte oder leistungsstarke zweite Klasse. Liebevoll gestaltete Illustrationen erleichtern das Textverständnis und steigern die Lesemotivation.

Das Material

Das Unterrichtsmaterial gliedert sich in einen didaktischen Teil für Lehrer und in daran anschließende Kopiervorlagen für die Schülerhand. Im Lehrerteil finden Sie Inhaltszusammenfassungen der einzelnen Handlungsabschnitte, Gesprächs- und Schreibanlässe, die zentrale Themen der Lektüre aufgreifen und vertiefen, Anmerkungen zu den Kopiervorlagen sowie Lösungen und weiterführende Ideen für einen abwechslungsreichen Unterricht.

Die Kopiervorlagen (ab Seite 18) ermöglichen es, die Lektüre umfassend zu beleuchten: Sie greifen das Sachthema sowie sprachliche Aspekte auf, überprüfen das sinnerfassende Lesen und sichern die Textkenntnis. Auch der kreative Umgang mit Sprache und Anregungen zum freien Schreiben werden berücksichtigt. Zusätzlich fördert das Material mit fächerübergreifenden Bezügen das ganzheitliche Lernen. So setzen sich die Schüler im szenischen Spiel mit dem Text auseinander, gestalten Fledermaus-Fingerpuppen oder singen einen Fledermaus-Song. Im Sachunterricht beschäftigen sich die Kinder mit Körperbau und Nahrung der Fledermaus und erfahren, was Fleischfresser, Pflanzenfresser und Allesfresser sind. Sie erarbeiten, wie sich die Fledermaus im Jahreslauf verhält und auf welche Weise sich die Tiere im Dunkeln orientieren.

Das Material eignet sich zur Differenzierung, da nicht alle Blätter chronologisch und von jedem Schüler gelöst werden müssen. Darüber hinaus gibt es im Lehrerteil auch Zusatzaufgaben für schnellere Kinder. Die Möglichkeit zur Selbstkontrolle, die viele Kopiervorlagen bieten, gestattet den flexiblen Einsatz auch in Freiarbeitsphasen.

Die Symbole in der Kopfleiste jeder Kopiervorlage geben an, welche Arbeitstechniken hier vorrangig gefordert sind:

Zeigen Sie Ihren Schülern die geheimnisvolle Welt der Fledermäuse und begegnen Sie mit Mia, Paul und Juli den „Jägern in der Nacht“!

Vor der Lektüre

Hinweise zur Kopiervorlage

KV Seite 18

Fragen über Fragen

Das Arbeitsblatt dient der Einführung der Lektüre. Die Schüler sind gespannt und freuen sich darauf, ihre vielleicht erste Ganzschrift lesen zu dürfen. Nutzen Sie diese Neugier, um die Kinder Vermutungen über das Buch anstellen zu lassen. Die Auswertung der Fragen hilft Ihnen dabei, einen Eindruck von den Vorstellungen der Schüler zu bekommen, und spiegelt das Vorwissen der Kinder zum Sachthema „Fledermäuse" wider. Möglicherweise assoziiert der ein oder andere Fledermäuse mit Vampiren oder mit Teilen des Vampirglaubens, z. B. mit den Fehlannahmen „Fledermäuse saugen Blut", „mögen keinen Knoblauch", „sind verwandelte Vampire". Nehmen Sie dann den Fragebogen zum Anlass, um solche Unwahrheiten gleich zu Beginn zu entlarven. So wird den Schülern bewusst, dass Alexander, der seiner Schwester in der Lektüre Gruselgeschichten über Fledermäuse erzählt, unrecht hat und Mia nur Angst machen will. Beantworten Sie die Fragen der Kinder offen. Der Irrglaube, Fledermäuse seien Vampire, ist überraschend weit verbreitet und beruht hauptsächlich auf Bram Stokers berühmter Vampirgeschichte „Dracula" (1897).

Das Arbeitsblatt „Vampire" von Seite 20, das sich mit den gruseligen Fantasiegestalten beschäftigt, können Sie dazu nutzen, um tiefer in die Welt der Vampire einzutauchen. Erfahrungsgemäß bereitet dies den Kindern viel Freude.

Ausnahme Menschenblut

Nur bei den sogenannten Vampirfledermäusen steht Blut auf dem Speiseplan, vorzugsweise das von Rindern oder Vögeln. Ihr Lebensraum ist der amerikanische Kontinent. Lediglich drei der über tausend Fledermausarten sind überhaupt Vampirfledermäuse. Dass diese Fledermäuse menschliches Blut zu sich nehmen, ist äußerst selten. Mit den blutsaugenden Gruselgestalten, nach denen die Vampirfledermaus benannt ist, hat sie jedenfalls nichts gemein. Bei einer Mahlzeit kommt sie auf 15 bis 30 ml: Von einer winzigen Wunde, die sie ihrem Wirt zufügt, schleckt sie das Blut. – Sie ist also eher eine Mücke als ein Dracula!

1. bis 3. Kapitel (Seite 5 bis 24): **Mia und die Fledermäuse**

Inhalt

Mia verbringt die Sommerferien mit ihrem fünf Jahre älteren Bruder Alexander im Bauernhaus der Großeltern. Alexander hat dort Fledermäuse entdeckt und erzählt seiner Schwester Gruselgeschichten über die Tiere, um sie zu ärgern: Fledermäuse seien in Wirklichkeit blutsaugende Vampire.

Mia hat zunächst Angst, will sich aber selbst ein Bild von den Tieren machen. Bei Dämmerung schleicht sie in den Garten und schaut den hin und her sausenden Fledermäusen am Abendhimmel zu. Dabei fällt ihr ein rotes Licht auf, das am Teich aufblitzt. Neugierig geht sie der Sache auf den Grund und erschrickt, als sie mit etwas zusammenstößt. Doch es ist kein Vampir, wie sie erst befürchtet, sondern der Nachbarsjunge Paul.

Paul stellt sich Mia als Fledermausfan und Quartierbetreuer vor. Fledermäuse beobachten ist sein Hobby und er erklärt Mia viel über die kleinen Säugetiere, auch, dass es zwar Vampirfledermäuse gibt, diese aber nichts mit Graf Dracula zu tun haben. Schließlich leiht er seiner neuen Freundin ein Buch über Fledermäuse und lädt sie ein, am nächsten Tag mit ihm eine Scheune zu besichtigen, in der Fledermäuse ihre Wochenstube eingerichtet haben. Der Bauer, dem die Scheune gehört, will das Gebäude abreißen und im Neubau keine Einflugmöglichkeit für die Tiere mehr lassen.

Gesprächs- und Schreibanlässe

Endlich Sommerferien! Mia und Alexander machen Urlaub bei den Großeltern.

- Hast du auch schon einmal bei deinen Großeltern Urlaub gemacht? Erzähle.
- Was unternimmst du in den Sommerferien?

Mia hat frei und spielt gern im Garten, Alexander hingegen liest Gruselbücher oder schaut fern.

- Womit verbringst du deine freie Zeit?
- Welche Geschichten magst du?

Alexander findet, dass er zu erwachsen zum Versteckenspielen ist. Mias Großeltern sind der Ansicht, dass sie zu alt dafür sind.

- Was meint Alexander, wenn er das sagt? Was meinen die Großeltern?

- Stimmst du mit Alexander überein? Warum (nicht)?
- Wofür fühlst du dich zu alt?

Mia hat Angst, als sie allein nachts durch den Garten schleicht.

- Woran erkennt man das? (Sie bekommt eine Gänsehaut. Ihr Herz schlägt bis zum Hals.)
- Hattest du auch schon einmal so große Angst, dass dein Herz wie wild geklopft hat? Erzähle.
- Was hast du dagegen getan?

Mia beweist Mut, als sie abends rausgeht, um sich selbst ein Bild von den Fledermäusen zu machen.

- Wobei warst du schon einmal mutig?
- Was meinst du: Ist es immer gut, mutig zu sein? Oder ist es manchmal sogar besser, ängstlich oder vorsichtig zu sein? Erzähle von solchen Situationen.

Am Ende des 3. Kapitels fürchtet sich Mia nicht mehr vor Fledermäusen.

- Wodurch verliert sie ihre Angst?
- Hast du auch schon einmal die Furcht vor etwas überwunden, nachdem du besser darüber Bescheid wusstest? Erzähle davon.

Hinweise zu den Kopiervorlagen

Wer sagt was?

Alexander versucht, Mia mit einer Schauergeschichte über Vampire in Fledermausgestalt Angst zu machen. Mia reagiert tapfer und ist sich zunächst sicher: Vampire wie Graf Dracula gibt es nicht! Sprechen Sie mit der Klasse kurz über die erfundene Gestalt aus dem gleichnamigen Roman, falls Sie es nicht eingangs schon getan haben. Den meisten Kindern wird der berühmte Vampir bekannt sein. Verdeutlichen Sie, dass es sich bei „Graf Dracula" um eine erfundene Figur handelt, die sich der Autor Bram Stoker für seinen Schauerroman ausgedacht hat. Er hat den Vampir mit Fledermausattributen ausgestattet.

Das Zuordnen der Aussagen trainiert das sinnentnehmende Lesen und hilft den Schülern, das Gespräch zwischen Mia und Alexander aus dem 1. Kapitel inhaltlich nachzuvollziehen. Die Kontrolle erfolgt über ein Lösungswort.

Greifen Sie anschließend das Gespräch auch auf der sozialen Ebene auf: Sprechen Sie über Alexanders Neckereien und Mias Reaktion darauf. Alexander hat scheinbar Freude daran, seine kleine Schwester mit Gruselgeschichten zu ärgern. Mia bezieht klar Stellung und lässt sich nicht auf Alexanders Spielchen ein. Trotzdem verunsichern sie die Geschichten. Helfen Sie den Kindern, sich eine Meinung zur Situation zu bilden und über das Verhalten der beiden Geschwister zu reflektieren. Fragen Sie die Schüler: Wie findest du, was Alexander macht? Was hältst du von Mias Entgegnungen? Die Kinder begründen ihre Meinung.

Lösung

Aufgabe 1:

Mia (rot): „Quatsch! Vampire wie Graf Dracula gibt es gar nicht wirklich."

„Nein danke! Deinen Unsinn mach ich nicht mit."

Alexander (blau): „Wenn man zu mehreren ist, tarnen sie sich als Fledermäuse (...)"

„Weißt du eigentlich, dass es hier Fledermäuse gibt? (...)"

„Du glaubst mir nicht? (...)"

Aufgabe 2:

Alexander will Mia ANGST machen.

Weiterführende Anregungen

- Während Alexander sich gern gruselt, mag Mia das nicht so sehr. Sie schaut bei Gruselfilmen lieber weg. Sprechen Sie mit der Klasse darüber, dass beides in Ordnung ist. Niemand darf dazu gezwungen werden, unheimliche Geschichten mit anzuhören oder gruselige Filme anzusehen. Ermutigen Sie die Schüler, sich in entsprechenden Situationen deutlich zu äußern. Was für den einen unterhaltsam ist, kann für den anderen verstörend sein. Jeder hat das Recht, Nein zu sagen.
- Gehen Sie auf das Thema „Mutprobe" ein und diskutieren Sie im Klassenverband, was die Kinder von Mutproben halten. Sind sie sinnvoll oder vielleicht sogar gefährlich? Wer hat schon einmal eine Mutprobe gemacht oder jemanden dazu aufgefordert? Wie denken die Schüler jetzt darüber?
- Alexander ist ein Junge, der sich abgeklärt gibt: Er bezeichnet sich als zu erwachsen zum Versteckenspielen, schaut gern Gruselfilme und präsentiert sich angstfrei. Wie nehmen die Kinder ihn wahr? Vermutlich werden

sie Alexander als coolen älteren Jungen beschreiben, der furchtlos durchs Leben geht. Vielleicht wünscht sich der ein oder andere insgeheim sogar, selbst genauso „mutig“ wie Alexander zu sein. Notieren Sie die Gedanken der Schüler und kommen Sie am Ende der Lektüre darauf zurück. Dann wird klar, dass Alexander keineswegs so gelassen ist, wie er vorgibt. Lesen Sie dazu auch die weiteren Unterrichtsvorschläge auf Seite 16.

KV Seite 20

Vampire

Hier dreht sich alles um das gruselige Thema „Vampire“. Bestimmt haben die Kinder großen Spaß, wenn es um die fliegenden Blutsauger geht, und sind sehr motiviert. Die Schüler setzen sich auf bildnerischer sowie sprachlicher Ebene mit den Fabelwesen auseinander und lernen die Gedichtform „Elfchen“ kennen.

Zum Einstieg malen sie ein Vampirbild und notieren Wörter, die ihnen zum Thema in den Sinn kommen. Der Begriff „Vampir“ wird die unterschiedlichsten Assoziationen hervorrufen. Die Begriffe helfen den Schülern anschließend dabei, ein Vampirgedicht in Form eines Elfchens zu verfassen. Der Bauplan und das Beispiel, das als Ausgangsgedicht für das eigene dient, erleichtern den Kindern das Schreiben. Greifen Sie gegebenenfalls helfend ein, indem Sie die Schüler daran erinnern, ihre Assoziationen zu verwenden. Wer möchte, darf sein Elfchen der Klasse vortragen. Abschließend überlegen die Kinder, welche Geschichten über Vampire sie kennen.

Lösung

Aufgabe 1:
z. B. Blut, Grab, Kreuz, Nebel, Pflock, Sarg, Umhang, Weihwasser, spitze Zähne, beißen, fliegen, modrig, untot

Aufgabe 2:
individuelle Lösung

Aufgabe 3:
z. B. Dracula (Bram Stoker, 1897), Der kleine Vampir (Angela Sommer-Bodenburg, ab 1979), Das Vamperl (Renate Welsh, 1979), Die Vampirschwestern (Franziska Gehm, ab 2008)

Lustige Namen

Die Schüler erkennen mithilfe des Arbeitsblatts, dass man sich mit zusammengesetzten Nomen genauer ausdrücken kann: Der erste Teil des Nomens, das Bestimmungswort, beschreibt dabei den zweiten Teil des Wortes, das Grundwort, näher. Die Namen der verschiedenen Fledermausarten eignen sich zur Veranschaulichung besonders gut.

Lösung

Aufgabe 1:
1. Bartfledermaus
2. Wimperfledermaus
3. Zwergfledermaus
4. Wasserfledermaus
5. Mopsfledermaus

Aufgaben 2 und 3:
Lösungswort: PASST!

Weiterführende Anregungen

- Sammeln Sie gemeinsam weitere zusammengesetzte Nomen (z. B. Buchdeckel, Süßkartoffel, Liegestuhl) und lassen Sie die Schüler das Bestimmungswort der richtigen Wortart zuordnen. Dabei können Sie Hilfestellung geben, z. B. der Deckel eines Buches; eine süße Kartoffel; ein Stuhl, in dem man liegen kann. Die Kinder erkennen, dass das Bestimmungswort eines zusammengesetzten Nomens ein Nomen (Buchdeckel), ein Adjektiv (Süßkartoffel) oder ein Verb (Liegestuhl) sein kann.
- Besprechen Sie mit den Schülern, dass es bei zusammengesetzten Nomen manchmal nötig ist, ein Fugen-n (z. B. Katzenhaar, Sonnenmilch, Wespenstich) oder Fugen-s (z. B. Geburtstagskerze, Lieblingsspeise, Reinigungsmittel) einzufügen. Suchen Sie gemeinsam mit den Kindern nach weiteren Wörtern, die ein solches Fugenelement enthalten.

Fledertiere international

Fledermäuse bilden mit den sogenannten Flughunden die Gruppe der Fledertiere. Fledertiere leben fast überall auf der Welt, die meisten in tropischen Regionen. In Deutschland sind 25 Fledermausarten bekannt. Allerdings gilt die Langflügelfledermaus inzwischen als ausgestorben. Flughunde findet man bei uns nicht. Sie bevorzugen die wärmeren Regionen der Erde.

Die fliegenden Säugetiere leben bereits seit fünfzig Millionen Jahren auf der Erde. Die Giganten unter ihnen erreichen eine Flügelspannweite von der Größe eines Menschen, wie etwa der in Südostasien beheimatete Kalong-Flughund (ca. 1,70 m). Die kleinste Fledermausart der Welt, die Schweinsnasenfledermaus, ist gerade einmal so groß wie eine Hummel und wird daher auch als Hummelfledermaus bezeichnet. Zwerg- und Mückenfledermaus sind mit ca. 4 bis 5 cm (ohne Flügel) die kleinsten in Deutschland vorkommenden Fledermausarten.

KV Seite 22

Was fressen Tiere?

Die vielen Säugetiere, die auf der Erde leben, ernähren sich unterschiedlich: Sie sind Pflanzenfresser, Fleischfresser oder Allesfresser. Die Schüler beschäftigen sich hier mit den verschiedenen Nahrungstypen und erkennen, dass die Fledermaus im Buch zu den Fleischfressern gehört. Abschließend lösen sie ein Zuordnungsrätsel.

Lösung

Aufgabe 1:

Bei Pflanzenfressern stehen Pflanzen auf dem Speiseplan.
Fleischfresser bevorzugen tierische Nahrung.
Allesfresser ernähren sich von Fleisch und Pflanzen.

Aufgabe 2:

rot: Die Wasserfledermaus ist ein Fleischfresser.

Aufgabe 3:

1. Das Wildschwein (…) ist ein Allesfresser.
2. Das Reh (…) ist ein Pflanzenfresser.
3. Der Luchs (…) ist ein Fleischfresser.

So ernähren sich Fledermäuse

Unter den Fledermäusen gibt es Pflanzen-, Fleisch- und Allesfresser. Während sich Blütenfledermäuse von Pollen und Nektar ernähren, bevorzugen Fruchtfledermäuse Obst und Vampirfledermäuse das Blut von Säugetieren oder Vögeln. Die Große Hasenmaulfledermaus, die in Mittel- und Südamerika beheimatet ist, jagt gern kleine Fische. Heimische Fledermäuse sind Fleischfresser und ernähren sich hauptsächlich von Insekten.

Der Körper der Fledermaus

Die Schüler lernen die Anatomie der Fledermaus kennen, indem sie einen Sachtext lesen. Anschließend ist es ihnen möglich, das Bild einer Fledermaus zu beschriften.

Wie Mia auf Seite 20 der Lektüre treffend bemerkt, ist das Skelett der Fledermaus dem des Menschen ähnlich. Nutzen Sie die Abbildung in Aufgabe 2, um die Parallelen, die Mia entdeckt, herauszuarbeiten: Gliedmaßen, bestehend aus Ober- und Unterarm bzw. Ober- und Unterschenkel, dieselbe Anzahl von Fingern. Im Internet finden Sie weitere anschauliche Darstellungen, die Sie in leistungsstarken Klassen ergänzend einbeziehen können: *https://askabiologist.asu.edu/Knochenvergleich-von-Mensch-Vogel-undFledermaus.*

Lösung

Aufgabe 2:

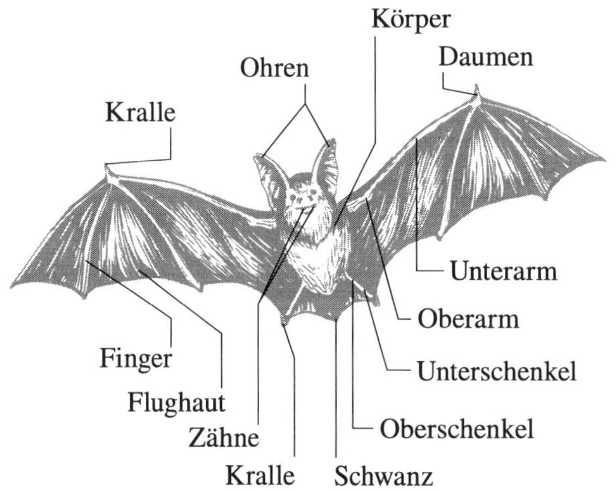

KV Seite 24

Die Fledermaus im Jahreslauf

Fledermäuse verschlafen einen großen Teil des Jahres, denn ihre Nahrung, die Insekten, finden sie nur in den wärmeren Monaten. Ihren Winterschlaf halten sie in Winterquartieren: frostfreie, feuchte und dunkle Unterschlüpfe. Erst im Frühling bilden mehrere Weibchen gemeinsam Wochenstuben, in denen sie ihre Jungen zur Welt bringen und aufziehen (siehe Infokasten, Seite 8).

Auf dem Arbeitsblatt setzen sich die Schüler mit der Fledermaus im Jahreslauf auseinander. Was tut die Fledermaus in Frühling, Sommer, Herbst und Winter? Das Kreisdiagramm verdeutlicht die Länge des Winterschlafs und stellt anschaulich dar, dass derselbe Ablauf immer wiederkehrt. Die Schüler erhalten so eine Vorstellung von Zeit und Wandel.

Lösung

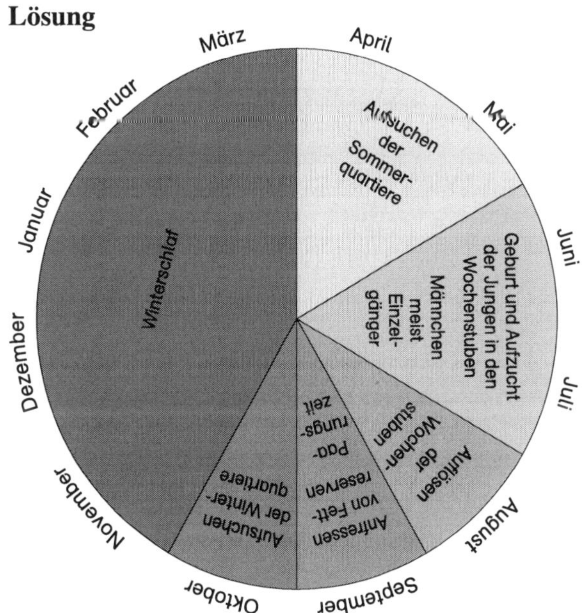

Die Wochenstuben

Kurz vor dem Winterschlaf ist Paarungszeit für die Fledermäuse. Allerdings kommt es erst nach dem Winterschlaf zur Befruchtung. Im Frühjahr und Sommer bringen die Weibchen die Jungen zur Welt. Dazu versammeln sie sich in den sogenannten Wochenstuben. Dabei handelt es sich meist um Höhlen, Baumhöhlen oder Dachböden. Dort ziehen die Mütter ihren Nachwuchs groß. Manchmal wechseln Fledermausweibchen ihr Wochenstubenquartier, dann nehmen sie ihren Nachwuchs mit. Die Kleinen halten sich während des Flugs im Fell und an den Zitzen der Mütter fest, denn selbst fliegen können sie noch nicht.

Je nach Fledermausart bestehen die Wochenstuben aus unterschiedlich vielen Tieren (Gruppen von zehn bis mehreren Tausend). Fledermäuse bekommen meist ein einzelnes Junges, selten Zwillinge. Häufig suchen die Weibchen die Quartiere oder die gewohnte Umgebung des Vorjahrs auf. Um zu fressen und Kraftreserven aufzufüllen – denn das Säugen der Jungen ist anstrengend –, fliegen die Mütter nachts ohne ihre Kleinen aus. Doch mehrmals pro Nacht kehren sie zurück, um ihren Nachwuchs zu säugen und warm zu halten. Die Mütter erkennen ihre Jungen am Geruch und an den Lauten. Sind die Fledermausjungen groß genug und die Knochenbildung ist weitgehend abgeschlossen, starten sie erste eigene Flugversuche. Und die müssen gelingen, denn ein Start vom Boden fällt selbst erwachsenen Fledermäusen schwer. Ab der vierten Lebenswoche fliegen sie dann ins Freie.

KV Seite 25

Kreuzworträtsel

Die Schüler lösen das Kreuzworträtsel und festigen auf diese Weise ihre Textkenntnis. Um die richtigen Wörter finden zu können, muss das 3. Kapitel bekannt sein.

Lösung

									⑦↓		
				②↓					S		
				V					K		
		①→	H	A	L	L	O	W	E	E	N
				M					L		
				P					E		
			③→	I	N	S	E	K	T	E	N
				R					T		
				F							
				L							
⑨→	S	C	H	E	U	N	E				
				D					⑤↓		
				E		⑥→	F	E	L	L	
				R					A		
			④→	M	Ü	C	K	E	N		
				Ä					G		
				U					O		
				S					H		
	⑧→	S	P	E	C	H	T		R		

Lösungswort: QUARTIERBETREUER

4. und 5. Kapitel (Seite 25 bis 41): **Klickklick braucht Hilfe**

Inhalt

Mia liest den ganzen folgenden Tag in dem Buch, das Paul ihr gegeben hat. Abends holt Paul sie zu ihrem Ausflug ab. Die beiden erzählen Mias Großeltern von ihrem Plan, die Scheune zu besichtigen. Mias Oma macht sich Sorgen, da sie gehört hat, Fledermäuse würden Tollwut übertragen. Doch Paul beruhigt sie, weil er als Quartierbetreuer weiß, wie man mit Fledermäusen umgeht. An der Scheune angekommen treffen sie auf Bauer Sonnmann, den Besitzer. Er erklärt ihnen, dass er im Neubau keine Fledermäuse mehr haben möchte, da die Tiere mit ihrem Kot das Heu verunreinigen. Doch bevor Paul ihm antworten kann, werden sie von Sonnmanns Tochter Juli unterbrochen. Sie erzählt aufgeregt, dass sie eine winzig kleine Fledermaus entdeckt hat, die reglos auf dem Boden liegt. Paul bietet seine Hilfe an.

In der Scheune finden Paul, Mia, Bauer Sonnmann und dessen Tochter ein Fledermausjunges, das leise Klickgeräusche von sich gibt. Sie beschließen, das Kleine „Klickklick" zu nennen. Paul glaubt, dass es den sicheren Halt bei seiner Mutter im Gebälk verloren hat und abgestürzt ist. Hoch oben hängen unzählige Fledermäuse und schlafen. Aus eigener Kraft schafft es das Jungtier nicht wieder hinauf. Als Quartierbetreuer kennt Paul sich mit solchen Fällen aus und holt aus seinem Rucksack eine Wärmflasche, damit Klickklick nicht auskühlt. Auch etwas Wasser bietet er der kleinen Fledermaus aus einer Pipette an. Paul will Klickklick unbedingt helfen und muss dafür ein paar Besorgungen machen. Bauer Sonnmann fährt ihn mit dem Traktor.

Gesprächs- und Schreibanlässe

Mia hat ein Fernglas dabei, um die Fledermäuse gut beobachten zu können.

- Besitzt du ein Fernglas? Was beobachtest du damit?
- Welche Gegenstände braucht ein Forscher noch, wenn er unterwegs ist? (z. B. Lupe, Notizblock, Bleistift, Kompass, Handbuch, Digitalkamera, Behälter für Proben)

Paul wird ein bisschen rot, als Bauer Sonnmann meint, Paul mache ihm Ärger.

- Warum errötet man? (z. B. vor Wut, Verlegenheit, Anstrengung, Verliebtsein) Weshalb, glaubst du, passiert das Paul?
- In welchen Situationen bist du schon rot geworden?

Bauer Sonnmann meint, man müsse „den Dingen ihren Lauf lassen" (Seite 36).

- Was meint er damit?
- Wann ist das sinnvoll? Wann nicht?

Hinweise zu den Kopiervorlagen

Achtung, Tollwut!

Die Schüler erfahren hier etwas über die Krankheit Tollwut. Zwar ist diese in Deutschland nahezu ausgerottet, trotzdem ist es wichtig, über das richtige Verhalten wilden und streunenden Tieren gegenüber Bescheid zu wissen. Denn ein falscher Umgang mit ihnen kann, gerade in südlicheren Urlaubsländern, noch gefährlich sein. Auch die Fledermaus gilt als Überträger der Krankheit.

Um die Überschriften passend zuordnen zu können, müssen sich die Kinder auf das sinnentnehmende Lesen konzentrieren. Fassen Sie abschließend noch einmal zusammen, dass eine Begegnung mit wilden und streunenden Tieren immer mit Respekt einhergehen muss. Sammeln Sie mit den Schülern entsprechende Verhaltensregeln (z. B. nicht in die Enge treiben, nicht anfassen und streicheln, nicht füttern, keine hektischen Bewegungen machen). Suchen Sie zudem die Stelle im Buch, an der Paul das richtige Verhalten beschreibt: „Und da sollte man schon vorsichtig sein (...)", Seite 27.

Lösung

Was ist Tollwut? Tollwut ist eine Krankheit (...)
Kann man sich in Deutschland mit Tollwut anstecken? In Deutschland ist die Tollwut (...)
Woran erkennt man Tollwut? In anderen Ländern können auch Hunde oder (...)
Was kann man gegen Tollwut tun? Sind ein Tier oder ein Mensch an Tollwut (...)

Wenn es dunkel wird ...

Schon aus dem 1. Kapitel geht hervor, dass Fledermäuse nur im Dunkeln zu beobachten sind. Im 4. Kapitel erfahren wir dann von Mia, dass die Tiere den Tag verschlafen und erst abends munter werden, also nachtaktiv sind. Doch was bedeutet das genau? Das Arbeitsblatt fasst zusammen, was nachtaktive Tiere kennzeichnet und warum sie nach Sonnenuntergang unterwegs sind.

Lösung

Aufgabe 1:
Wenn du nachts schläfst, werden viele Tiere erst wach.
Nachtaktive Tiere schlafen tagsüber.
Viele nachtaktive Tiere sehen, riechen oder hören besonders gut, um sich im Dunkeln zurechtfinden zu können.
Kleine Tiere nutzen die Dunkelheit, um sich vor Feinden besser verstecken zu können.
Andere meiden die Sonne, weil sie ihnen zu warm ist.
Fledermäuse würden überhitzen, wenn sie, wie Vögel, tagsüber unterwegs wären.

Aufgabe 2:
Mond: Die Katze kann auch bei Dunkelheit hervorragend sehen.
Mond: Die Fledermaus orientiert sich mithilfe von Ultraschall und braucht kein Licht zum Sehen.
Sonne: Die Landschildkröte benötigt die Wärme der Sonne, um zu überleben.
Sonne: Wir Menschen können bei Tageslicht viele verschiedene Farben wahrnehmen.
Mond: Glühwürmchen senden Leuchtsignale aus, die im Dunkeln gut zu erkennen sind.

KV Seite 28

Sinnvolle Sätze
Das Arbeitsblatt sichert die Textkenntnis des 4. Kapitels. Um die angefangenen Sätze richtig beenden zu können, müssen die Schüler die betreffenden Stellen im Buch nachschlagen, was genaues Hinsehen und Lesen voraussetzt.

Die zweite Aufgabe erlaubt dagegen einen kreativen Umgang mit Sprache. Mithilfe des Arbeitsblatts untersuchen die Kinder verschiedene Sätze aus der Lektüre in ihren Sinnzusammenhängen. Indem die Schüler eigene Worte finden, um sich auszudrücken, erleben sie sich als sprachlich kompetent.

Lösung
Aufgabe 1:
1. Oma mit ihren vielen Blumenrabatten und Opa mit seinen Obstbäumen und dem großen Teich haben ein echtes Fledermausparadies angelegt – und zwar, ohne es zu wissen. (Seite 25)
2. Mia und Paul schwingen sich auf ihre Fahrräder und radeln aus dem Dorf hinaus und einen Feldweg entlang. (Seite 28)
3. Trotzdem ist es sicherer, das am Abend zu machen, wenn die erwachsenen Fledermäuse munter werden, um auf die Jagd zu gehen. (Seite 29)
4. Der Bauer sieht seine Tochter an und die schaut hoffnungsvoll zurück. (Seite 33)

Aufgabe 2:
z. B. 1. „Was wollt ihr denn hier?“
2. „Natürlich dürfen Sie eine neue Scheune bauen.“
3. „Das mache ich nicht länger mit.“
4. „Ach, Juli, mit was du immer ankommst!“

KV Seite 29

Was ist ein Quartierbetreuer?
Paul ist als Quartierbetreuer unterwegs und kennt sich gut mit Fledermäusen aus. Für ihren Schutz engagiert er sich ehrenamtlich (siehe Infokasten, Seite 11). Bei vielen Naturschutzorganisationen ist die Mitarbeit als Quartierbetreuer möglich: Wer Fledermäuse in seinem Haus oder Grundstück entdeckt und für sie sorgen möchte, kann sich dort melden. Manchmal werden auch Betreuer für bestimmte Regionen gesucht. Durch geschultes Personal erhalten die Ehrenamtlichen das erforderliche Wissen und sind durch Fortbildungen in der Lage, eigenständig Quartiere zu betreuen.

Das Arbeitsblatt fasst die Aufgaben eines Quartierbetreuers, die Paul im Buch nennt, anschaulich zusammen. Zudem überprüft es die Textkenntnis. Die Schüler finden die Informationen im 3. Kapitel auf Seite 21 / 22, im 4. Kapitel auf Seite 29 und im 5. Kapitel auf Seite 38 / 39. Auch durch logische Schlussfolgerungen lassen sich die falschen Aussagen gut herausfiltern. Diese werden im Heft so umgeschrieben, dass sie stimmen.

Das Ausmalen der richtigen Felder im Bild ermöglicht die Selbstkontrolle. Es zeigt einen Waldkauz.

Lösung
Aufgabe 1:
richtig (grün):
1. Als Quartierbetreuer schaue ich, dass die Fledermauskästen unbeschadet durchs Jahr kommen.
2. Außerdem räume ich auf manchen Dachböden den Fledermauskot weg.
4. Ich weiß, wie nah ich an die Tiere herangehen kann, ohne sie zu stören. Ich darf ganz vorsichtig und leise nach dem Rechten sehen.
5. In meinem Rucksack habe ich immer alles dabei, was ich brauche, um im Notfall eine Fledermaus zu retten.

falsch (rot):
3. Handschuhe kann ich als Quartierbetreuer weglassen. Die brauche ich nicht.
6. Zur Rettung einer Fledermaus benötige ich einen Kühlschrank und süße Limo.

Aufgabe 2:

Aufgabe 3:
Handschuhe kann ich auch als Quartierbetreuer nicht weglassen. Die brauche ich.
Um eine Fledermaus zu retten, benötige ich eine Wärmflasche und warmes Wasser.

Was ist ein Ehrenamt?
Ein Ehrenamt zu übernehmen, bedeutet, in seiner Freizeit einer meist unentgeltlichen Tätigkeit nachzugehen. Diese ist immer freiwillig und oft ein soziales Engagement. Ehrenämter können im gesundheitlichen oder kulturellen Bereich, bei Sportveranstaltungen, im Bildungsbereich, im Natur- und Tierschutz oder auch im Katastrophenschutz ausgeübt werden. Sie sind ein wichtiger Baustein unserer Gesellschaft. Zahlreiche Organisationen sind ehrenamtlich konzipiert, wie beispielsweise die Arbeit der Freiwilligen Feuerwehr oder die der Deutschen Lebens-Rettungs-Gesellschaft e. V. (DLRG). Wie viel Zeit man für sein Ehrenamt aufbringen kann und mag, bleibt dabei jedem selbst überlassen. Um ehrenamtlich tätig zu werden, gibt es kein Mindestalter.

Weiterführende Anregungen

- Sprechen Sie mit der Klasse über das Thema „Ehrenamt". Vielleicht engagieren sich einige Schüler oder ihre Eltern bereits in Vereinen.
- Sammeln Sie weitere ehrenamtliche Tätigkeiten, z. B. Mitarbeit in Weltläden, Errichten von Krötenzäunen, Jugendtrainer beim Sport. Zum Recherchieren können die Kinder das Internet nutzen: Allgemeine Informationen zum Thema „Ehrenamt" sowie einige Links zu ehrenamtlich organisierten Vereinen und Organisationen finden Sie zum Beispiel unter *www.ehrenamt.bund.de*.
- In vielen Städten gibt es sogenannte Freiwilligenzentren, die die ehrenamtlichen Tätigkeiten koordinieren. Lassen Sie die Schüler im Internet recherchieren, ob auch ihre Stadt oder Gemeinde eine solche Einrichtung besitzt.
- Für den Naturschutz kann man sich in verschiedenen Organisationen einsetzen. Einige sind auf ein spezielles Thema ausgerichtet, z. B. auf den Schutz des Waldes (Robin Wood) oder den Schutz wilder Tiere in Deutschland (Deutsche Wildtier Stiftung), andere sind breit aufgestellt, z. B. World Wide Fund for Nature (WWF), Greenpeace, Naturschutzbund Deutschland (NABU). Auch hier bietet es sich an, die Kinder von ihren Erfahrungen und Kenntnissen berichten und sie im Internet forschen zu lassen.

KV Seite 30

Was stimmt?
Das Arbeitsblatt fragt die Textkenntnis des 5. Kapitels ab. Die Schüler schlagen im Buch nach, um die Antworten zu finden. Das Lösungswort ermöglicht die Selbstkontrolle.

Geben Sie den Kindern Strategien zum Bearbeiten solcher Aufgaben an die Hand: Lassen Sie sie prüfen, ob die Fragen den Text chronologisch, also der Reihe nach, angehen. Zudem hilft es, entsprechende Stellen im Buch zu markieren. Damit haben die Schüler bereits ein effektives Werkzeug – auch für komplexere Texte in höheren Jahrgangsstufen.

Lösung
Aufgaben 1 und 2:
Das MUTTERTIER hat ihr Junges verloren.

6. und 7. Kapitel (Seite 42 bis 55): **Ein Happy End für Klickklick**

Inhalt

Mia und Juli bleiben bei dem Jungtier, um es vor umherstreunenden Katzen zu schützen, während Paul und Bauer Sonnmann mit dem Traktor unterwegs sind. Mia erklärt Juli, dass ihr Vater das Heu mithilfe von Brettern vor dem Fledermauskot schützen kann. Juli schöpft Hoffnung, dass ihr Vater so vielleicht doch zustimmt, die neue Scheune fledermausfreundlich zu gestalten. Paul und Bauer Sonnmann kommen zurück. Aus einer Plastikwanne und einer mit warmem Wasser gefüllten Flasche, über die ein Socken gestülpt wird, baut Paul eine Fledermauskind-Rettungsinsel.

Während Paul, Mia, Juli und Bauer Sonnmann abwarten, was passiert, erklären Mia und Paul, dass Fledermäuse sich mit Ultraschall verständigen und jagen. Mithilfe dieser Töne wird die Mutter auch Klickklick wiedererkennen. Langsam wachen die Fledermäuse auf und die Kinder sind sehr gespannt. Alle hoffen auf Rettung für ihren kleinen Schützling. Und tatsächlich: Als die Weibchen zur Jagd aufbrechen, saust ein Tier genau auf Klickklick zu. Das Junge klammert sich an seine Mutter und die beiden fliegen hoch ins Gebälk, wo Klickklick sich mit Milch stärken kann. Die vier Beobachter sind froh, dass alles gut ausgegangen ist. Paul lädt Juli ein, mit ihm und Mia weitere Fledermausquartiere zu besichtigen.

Gesprächs- und Schreibanlässe

Bauer Sonnmann kennt die Redewendung: „blind wie eine Fledermaus" (Seite 46).

- Wieso sagt man das? Ist der Vergleich treffend?
- Kennst du weitere Redewendungen, mit denen man Tieren Eigenschaften zuordnet? Welche? (z. B. „blind wie ein Maulwurf", „stumm wie ein Fisch", „störrisch wie ein Esel", „fromm wie ein Lamm")

Anders als am Anfang klopft Mias Herz nun nicht mehr aus Angst, sondern vor freudiger Erwartung.

- Warst du auch schon einmal so aufgeregt, dass du Herzklopfen bekommen hast? Wann war das?
- Wie hast du die Aufregung noch gespürt?

Hinweise zu den Kopiervorlagen

KV Seite 31/32

Referate halten: Freund und Feind

Für viele ist das erste Referat eine spannende Angelegenheit. Die Aufregung ist normal und ein früher Einstieg in das Halten von kurzen Vorträgen hilft, Nervosität abzubauen. Zudem schulen Referate ein freies und selbstständiges Arbeiten. Die Karten unterstützen die Kinder dabei. Sie geben ihnen eine kompakte Übersicht, wie sie ein Referat angehen und gestalten können: von den Vorüberlegungen über die Recherche bis zum eigentlichen Vortrag. Dabei sind die Anleitungen kurzgefasst und beschränken sich auf die wesentlichen Punkte (Informationen sammeln, ordnen und präsentieren), um die Schüler nicht zu überfordern. Erste Referate werden meist in der dritten Jahrgangsstufe gehalten. Doch auch Kinder der zweiten Klasse können die Karten nutzen, beispielsweise in Partnerarbeit.

Die dritte und vierte Karte beschäftigen sich mit dem Thema „Fledermausschutz". Hier müssen die Schüler erkennen, dass es wichtig ist, die Nahrung der Fledermäuse, also die Insekten, zu schützen (siehe dazu Karte 4). Mittlerweile leben in Deutschland etwa 76 Prozent weniger Fluginsekten als im Jahr 1989. Diese Zahl macht die Dringlichkeit bewusst.

Zum Recherchieren im Internet eignen sich besonders die Seiten des Landesfachausschusses Fledermausschutz NRW (NABU) *(www.fledermausschutz.de/gefaehrdung/)* und die Seiten der Deutschen Wildtierstiftung *(www.deutschewildtierstiftung.de/wildtiere/fledermaus)*. Hier können die Kinder viele relevante Informationen zum Thema „Freunde und Feinde der Fledermäuse" entdecken.

Weiterführende Anregungen

- Bauen Sie im Werkunterricht Fledermauskästen. Im Internet finden Sie einfache (Video-)Anleitungen dazu, z. B. unter *www.nabu.de/tiere-und-pflanzen/saeugetiere/fledermaeuse/aktiv-fuer-fledermaeuse/fledermauskasten.html*. Die Kästen können auch fertig gekauft werden, z. B. unter *www.nistkasten-online.de/Fledermauskaesten* oder *www.nabu-shop.de/garten-tierwelt/fledermause.html*. Klären Sie vorab mit der Schulleitung bzw. der Stadt oder Gemeinde, ob sie einen Fledermauskasten im Hof der Schule aufhängen dürfen.
- Der NABU NRW hat eine informative Broschüre zum Thema „Das fledermausfreundliche Haus" veröffentlicht. Laden Sie die Broschüre im Netz als PDF unter *https://nrw.nabu.de/wir-ueber-uns/infothek/materialien/index.html* herunter.

Die Fledermaus und der Aberglaube
Obwohl die Fledermaus keinerlei Schaden anrichtet – im Gegenteil –, wurde sie schon früh mit dem Bösen in Verbindung gebracht. Die Menschen fürchteten sich vor dem federlosen „Vogel", der lautlos nachts unterwegs ist und am Tag schläft. Lange Zeit wurde die Fledermaus verfolgt, gejagt und getötet. Die Tiere galten als Symbol für Tod und Verderben, im christlichen Glauben sogar für den Teufel: Während Engel in entsprechenden Darstellungen gefiederte Schwingen tragen, hat der Teufel häufig Fledermausflügel. Noch heute haben manche Menschen Angst vor den kleinen Säugetieren.

Der Trick mit dem Ultraschall

Ein kurzer Sachtext vermittelt den Schülern, wie sich die Fledermäuse mithilfe von Ultraschall zurechtfinden. Um den Ultraschall besser verständlich zu machen, können Sie ihn mit einem an die Wand geworfenen Ball vergleichen, der abprallt und zum Werfer zurückkommt. Auch beim Ultraschall werden Schallwellen zurückgeworfen. Gehen Sie auf Bauer Sonnmanns Äußerung ein: Er erklärt, dass sich Unterseeboote mithilfe von Echoortung orientieren. Flugzeuge nutzen diese Technik ebenfalls.

Nach der Lektüre des einführenden Textes ist es den Kindern möglich, die Visualisierung der Echoortung auf dem Bild zu vervollständigen. Weisen Sie ergänzend auf weitere Tiere hin, die sich mithilfe des Echos ihrer Töne orientieren, z. B. Wale, Seerobben, Nachtschwalben, Spitzmäuse.

Lösung
Aufgaben 2 und 3:
durchgezogene Linien: ausgesendete Ultraschallwellen (= rot)
gestrichelte Linien: zurückgeworfenes Echo (= blau)

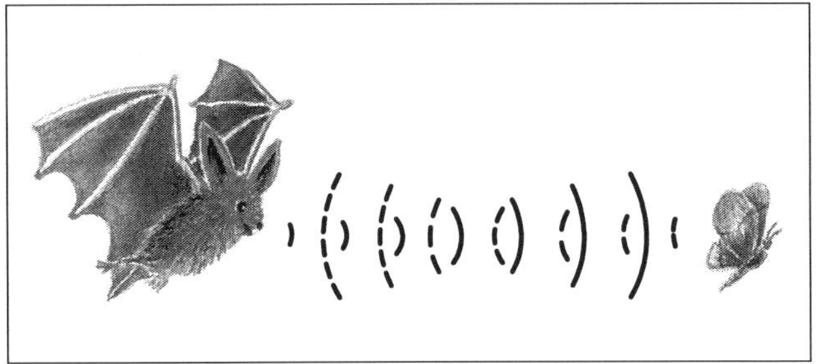

Weiterführende Anregung
Nutzen Sie den Text der Kopiervorlage für eine Partnerarbeit: Jedes Kind denkt sich Fragen dazu aus und notiert diese auf einem Blatt. Je zwei Schüler tauschen die Blätter untereinander und beantworten die Fragen des Partners.

KV Seite 34

Meine Fledermaus-Fingerpuppen
Die Kinder gestalten hier die beiden Fledermäuse, die in der Lektüre tragende Rollen spielen: Klickklick und das Muttertier. Mit den Fingerpuppen spielen sie anhand der Kopiervorlage „Szenisches Spiel" (Seite 35) die Schlüsselszene der Lektüre nach.

Weiterführende Anregung
Die gebastelten Fledermäuse können auch für Schattenbilder verwendet werden. Schattenbilder erzeugen eine geheimnisvolle Stimmung und passen gut zur Nachtaktivität der Tiere. Legen Sie die Fingerpuppen dazu auf den Overheadprojektor und werfen Sie die Schatten an die Wand. Gestalten Sie mit der Klasse weitere Umrisse. Die Schüler können sich dabei an der Handlung der Lektüre orientieren oder frei kreativ werden. Sammeln Sie zunächst Vorschläge, z. B. Vollmond, Bäume, Sträucher, Scheune, Kreuze (um die gruselige Variante zu untermalen).

KV Seite 35

Szenisches Spiel
Die Rettung der kleinen Fledermaus Klickklick aus dem 7. Kapitel ist die Schlüsselszene der Geschichte. Im szenischen Spiel setzen sich die Kinder mit dieser zentralen Stelle auseinander. Erklären Sie den Schülern den Begriff „Schlüsselszene", wenn Sie ihn verwenden möchten. Die Spannung erreicht hier ihren Höhepunkt und die Szene ist entscheidend für die weitere Handlung des Buches: Bauer Sonnmann wird durch die Ereignisse zum Umdenken gebracht.

Besprechen Sie das Blatt vorher gemeinsam. Die Kinder versuchen, sich in die unterschiedlichen Figuren hineinzuversetzen: Wie fühlen sie sich? Mit welchen Mitteln lässt sich das mimisch und gestisch darstellen?

Nutzen Sie die gebastelten Fingerpuppen für das szenische Spiel. Verteilen Sie folgende Rollen: Paul, Mia, Juli und Bauer Sonnmann. Zwei Schüler führen die Fledermauspuppen. Außerdem werden einige Requisiten benötigt, um die Rettungsinsel aufzubauen: ein Tisch, der als Heuballen dient; eine Plastikwanne mit zusammengeknüllten Socken; eine in ein Handtuch gewickelte Flasche mit Wasser; eine Schachtel, in die das Fledermausbaby passt; Handschuhe.

KV Seite 36

Rettungsflug
Dieses Arbeitsblatt eignet sich sehr gut für Freiarbeitsphasen. Die Kinder spuren verschiedene Flugwege der Mutterfledermaus nach und finden so den Weg, der zu Klickklick führt. Dabei gilt es, ein Lösungswort zu erkennen. Wer mag, kann die Szene bunt ausgestalten.

Lösung
Aufgaben 1 und 2:
Lösungswort: QUARTIER

KV Seite 37

Klickklick wird gerettet
Indem die Schüler Satzkärtchen in die richtige Reihenfolge bringen, wird die Textkenntnis überprüft. Die Kinder müssen dafür das 6. und 7. Kapitel gelesen haben.

Die Lösungswörter „Happy End" ermöglichen eine Selbstkontrolle. Besprechen Sie den von dem englischen Ausdruck „happy ending" abgeleiteten Begriff. Sammeln Sie weitere Geschichten, in denen es ein Happy End gibt.

Lösung
Aufgaben 1 und 2:
Die Hilfsaktion um die kleine Fledermaus hat ein HAPPY END!

KV Seite 38

Klickklick trinkt bei seiner Mutter
Als Klickklick gerettet ist, stärkt sich die kleine Fledermaus bei der Mutter und saugt ihre nahrhafte Milch. Klickklick ist ein Säugetier. Und zwar ein besonderes, denn Fledermäuse sind die einzigen Säugetiere, die fliegen können. Mithilfe des Infotexts erfahren die Schüler, was genau Säugetiere sind.

Die Rechtschreibübung festigt dabei das Wissen, dass am Satzanfang großgeschrieben wird und am Satzende ein Punkt steht. Ist der Text verbessert, können die Kinder ihn ins Heft schreiben, um ihn dann flüssig und sinnentnehmend zu lesen. Abschließend ordnen sie verschiedene Tiere der Kategorie „Säugetiere" zu.

Lösung

Aufgabe 1:

Fledermäuse sind Säugetiere, so wie viele weitere Tiere. Es gibt die unterschiedlichsten Arten von Säugetieren. Die meisten leben an Land, andere im Wasser, die Fledermaus auch in der Luft. Doch sie alle haben eines gemeinsam: Sie säugen ihren Nachwuchs. Die Jungen saugen an den Zitzen der Mutter und trinken nahrhafte Milch. Säugetiere bringen ihre Jungen lebend zur Welt. Sie schlüpfen nicht aus Eiern. Eines der wenigen Säugetiere, das Eier legt, ist das Schnabeltier.

Aufgabe 2:

Säugetier	kein Säugetier
Fledermaus	Ente
Affe	Krokodil
Wal	Hai
Katze	Schlange
Schwein	Dinosaurier

8. und 9. Kapitel (Seite 56 bis 64): **Ein Happy End für alle**

Inhalt

Juli engagiert sich nun gemeinsam mit Paul und Mia für den Fledermausschutz. Auch Bauer Sonnmann hat inzwischen viel über die nützlichen Tiere gelernt und verkündet bei einem Treffen des Vereins der Naturfreunde, dass er seine neue Scheune fledermausfreundlich bauen will. Sie soll Einflugmöglichkeiten und Schutzbretter erhalten. Da Alexander sich weiterhin über Mias Hobby lustig macht, hecken die drei Freunde einen Racheplan aus.

An diesem Abend ist Alexander allein im Haus der Großeltern. Paul verkleidet sich als Fledermaus und erschreckt Alexander. Mias Bruder reagiert erst verärgert, muss dann aber doch lachen: Er merkt, dass er auf sein eigenes Schauermärchen hereingefallen ist.

Gesprächs- und Schreibanlässe

Alexander macht sich über die Fledermausfans lustig.

- Wie reagiert Mia? Wie Paul? Welches Verhalten ist aus deiner Sicht besser?
- Wie würdest du reagieren?

Zu einem Treffen der Naturfreunde bringt Juli ihren Vater mit. Alle halten ein wenig Abstand zu ihm.

- Warum ist das wohl so? Wie findest du das?
- Wodurch ändert sich das Verhältnis zwischen Bauer Sonnmann und den Naturfreunden?

Mia sieht Alexanders Neckerei am Ende als Kompliment.

- Was ist ein Kompliment? Erkläre.
- Wie meint Mia das?
- Hast du auch schon einmal ein Kompliment bekommen oder eines gemacht? Erzähle.

Hinweise zu den Kopiervorlagen

KV Seite 39

So nützlich sind Fledermäuse

Noch immer existieren viele Vorurteile gegenüber Fledermäusen. In der ersten Aufgabe filtern die Schüler diese aus verschiedenen Aussagen heraus. Besprechen Sie, was der Begriff „Vorurteil“ bedeutet: Man fällt ein Urteil über etwas oder jemanden, ohne dass man genauer darüber Bescheid weiß. Solche Stereotype verallgemeinern und sind meist abwertend. Klären Sie die Vorurteile auf dem Arbeitsblatt gemeinsam.

An mehreren Stellen der Lektüre wird deutlich, warum Fledermäuse nützliche Tiere und schützenswert sind: Ihr Speiseplan führt zu weniger Mückenstichen (Seite 19), ihr Kot kann als Dünger verwendet werden (Seite 22), sie fressen schädliche Insekten und sorgen so für eine bessere Ernte (Seite 24).

Fledermäuse müssen pro Nacht etwa ein Drittel ihres Körpergewichts an Nahrung aufnehmen. Manche vertilgen gar die Hälfte oder eine Menge, die dem eigenen Körpergewicht entspricht. Das bedeutet, dass beispielsweise die Wasserfledermaus bis zu 4000 Insekten in einer einzigen Nacht verspeist. Das Arbeitsblatt führt den Kindern diese immense Masse vor Augen. Die Angaben orientieren sich dabei an Durchschnittswerten.

Abschließend überlegen sich die Schüler Rechenwege, um auf dieselbe Lösung zu kommen. Je nach Leistungsstand können Sie die Kinder weiterrechnen lassen: Wie viele Insekten frisst die Fledermaus in einer halben Stunde? Wie viele in einer Stunde? Wie viele in einer Nacht, wenn die Nacht acht Stunden hat? …

Lösung

Aufgabe 1:

grün: Ihr Kot eignet sich als Dünger.
Da sie viele unerwünschte Insekten fressen, sorgen sie für eine bessere Ernte.
Wir verdanken ihnen weniger Mückenstiche.

rot: Alle Fledermäuse übertragen Krankheiten.
Fledermäuse sind Vampire.
Sie verheddern sich in Haaren.

Aufgabe 2:
In einer Minute frisst die Fledermaus fünf Insekten.

Aufgabe 3:
In fünf Minuten frisst die Fledermaus 25 Insekten.

Aufgabe 4:
5 · 5 = 25 Insekten
oder
5 + 5 + 5 + 5 + 5 = 25 Insekten

Weiterführende Anregung
Die erste Aufgabe eignet sich als Anknüpfungspunkt, um über Vorurteile zu sprechen. Denn auch Menschen sind ihnen ausgesetzt. Häufig beruhen Schimpfwörter auf solchen Ressentiments, z. B. „Du Mädchen / Bauer / Spast!"; „Das ist doch schwul!". Überlegen Sie gemeinsam, was man gegen Vorurteile unternehmen und wie man ihnen begegnen kann.

KV Seite 40

Mein Fledermaus-Expertenbüchlein
Das Arbeitsblatt beschäftigt sich mit Fragen zur Fledermaus, die Kinder bekanntermaßen spannend finden. Es ist sinnvoll, die jeweils zusammengehörende Frage und Antwort zur besseren Übersicht in derselben Farbe zu markieren, bevor das Blatt zerschnitten wird. Mithilfe eines Tackers können die Seiten schön zu einem Büchlein im Hosentaschenformat geheftet werden. Erfahrungsgemäß sind die Schüler stolz auf ihr gebündeltes erworbenes Wissen, sodass sie das Fledermaus-Büchlein gern bei sich tragen. Das Deckblatt gestalten sie nach ihren Vorstellungen.

Lösung
Wieso schlafen Fledermäuse an der Decke hängend? – Weil Feinde die Fledermäuse dort (...)
Warum fallen Fledermäuse im Schlaf nicht herunter? – Weil sich ihre Krallen automatisch schließen.
Wieso haben Fledermäuse Krallen? – Weil sie manchmal bis zu ihrem Schlafort (...)
Welche ist die schnellste in Europa lebende Fledermaus? – Die Langflügelfledermaus. Sie kann bis zu (...)
Warum stürzen die kleinen Fledermäuse bei der Geburt nicht ab? – Weil die Mutter mit ihren (...)
Wie alt werden Fledermäuse? – Manche Arten werden bis zu dreißig Jahre alt (...)
Wie groß ist die kleinste heimische Fledermaus? – Die kleinste heimische Fledermausart ist etwa so groß (...)
Wie viele Tiere bilden zusammen eine Fledermauskolonie? – Eine Fledermauskolonie kann aus mehreren (...)

Weiterführende Anregungen
- Klären Sie die Bedeutung von W-Fragen: W-Fragen sind offene Fragen, die nicht einfach mit einem Ja oder Nein beantwortet werden können. Lassen Sie die Schüler alle W-Fragen finden, die in dem Büchlein vorkommen: Warum? Welche? Wie? Wieso? Wie viele? Schreiben Sie diese an die Tafel.
- Sammeln Sie weitere W-Fragen und gestalten Sie ein Plakat dazu.

KV Seite 41

Bauer Sonnmann denkt um
Am Anfang der Lektüre steht der Bauer den Fledermäusen und dem Quartierbetreuer Paul sehr ablehnend gegenüber. Doch im Laufe der Geschichte lernt er viel über die Säugetiere, erlebt sie aus unmittelbarer Nähe und baut Vorurteile ab. Indem die Kinder verschiedene Ereignisse und Aussagen richtig zuordnen, vollziehen sie diese Wandlung nach und stellen erste Interpretationen an. Leistungsstärkere Schüler können die Ereignisse in der chronologischen Reihenfolge aufkleben und die Seitenzahlen ergänzen.

Schnellere Kinder suchen in der Lektüre weitere Beispiele, die entsprechend einsortiert werden können, z. B. Bauer Sonnmann lobt Paul und Mia für ihr Engagement bei der Rettung von Klickklick (Seite 54), der Bauer wird immer weniger „brummig" (vgl. Seite 41, 50 und 58).

Lösung
Aufgabe 1:
Gegen die Fledermäuse:
Bauer Sonnmann blickt Paul düster an, als der sich als Quartierbetreuer vorstellt. (Seite 30)
Bauer Sonnmann sagt, dass er sich über den Fledermausdreck im Heu ärgert. (Seite 31)
Bauer Sonnmann sagt: „Ach, Juli, dass du immer so was anschleppst." (Seite 32)

Für die Fledermäuse:
Bauer Sonnmann fährt Paul mit dem Traktor. (Seite 41)
Bauer Sonnmann hilft und stellt zwei Heuballen unter die Fledermäuse. (Seite 45)
Bauer Sonnmann erzählt Juli vom Echolot der Unterseeboote und wirkt gar nicht mehr so griesgrämig. (Seite 50)
Bauer Sonnmann beschließt, auch die neue Scheune für die Fledermausweibchen offen zu lassen. (Seite 58)

Die Rache der Riesenfledermaus

Mithilfe des Arbeitsblatts vollziehen die Schüler die Ereignisse des 9. Kapitels nach. Um die Fantasiewörter verbessern zu können, dürfen sie im Buch nachschlagen. Dabei ist genaues Hinsehen und Lesen gefragt.

Überlegen Sie gemeinsam, warum Mia, Juli und Paul Alexander einen Streich spielen, und gehen Sie anhand dessen kurz auf die Struktur des Romans ein: Das letzte Kapitel greift die Ereignisse zwischen Alexander und Mia vom Anfang der Lektüre auf und schließt damit den Kreis. Die Fragen am Ende des Arbeitsblatts lehnen sich daher an die Fragen in den Hinweisen zur Kopiervorlage „Wer sagt was?" (Seite 19) an.

Vertiefen Sie mit den Kindern das Thema „Streiche". Vielleicht hat der ein oder andere auch schon einmal jemandem einen Streich gespielt? Diskutieren Sie, ob dies etwas Gutes oder Schlechtes ist. Sicher wird die Klasse zu dem Ergebnis kommen, dass es sowohl harmlose (z. B. Aprilscherz) als auch üble Streiche gibt und dass es wichtig ist, sich vorher über mögliche Konsequenzen im Klaren zu sein. Ein Streich darf niemals die Gefühle anderer verletzen oder für andere negative Folgen haben. Manche Menschen können gut mit einem Scherz umgehen (wie Alexander, der über sich lachen kann), andere fühlen sich schlecht dabei. Auch das sollte respektiert werden.

Lösung

Aufgabe 1:

Paul schlüpft in das Fledermauskostüm, von dem er Mia schon erzählt hat.

Paul versteckt sich in einer dunklen Ecke vor der Vorratskammer.

Dort flattert etwas Großes, Schwarzes um Alexander herum.

„Hilfe! Ein Vampir!", brüllt er.

„Du bist auf deine eigene Gruselgeschichte reingefallen!"

„Ihr seid mir selbst so ein paar Fledermäuse!", sagt er grinsend.

Weitere Unterrichtsvorschläge

- Holen Sie die Notizen hervor, die Sie eingangs zur Figur Alexander gesammelt haben (Seite 5/6), und sprechen Sie noch einmal gemeinsam über den Jungen. Der Streich, den Mia, Paul und Juli Alexander spielen, macht deutlich, dass auch der vermeintlich angstfreie Junge sich fürchtet. (Wer genau liest, kann das schon auf Seite 60 erkennen, denn als Alexander sich beim Schauen eines Gruselfilms unbeobachtet glaubt, ist er „blass und umklammert ein Kissen".) Die Schüler begreifen, dass es in Ordnung ist, Angst zu haben. Falls der Begriff „cool" zu Beginn gefallen sein sollte, können Sie den Begriff hinterfragen. Versuchen Sie herauszufinden, was „cool sein" für die Schüler bedeutet und ob es wichtig ist, „cool" zu sein. Gibt es vielleicht ein Verhalten in der Lektüre, das „richtig cool" ist? (z. B. Mia lässt sich nicht auf die Mutprobe ein; Paul ist weder durch Bauer Sonnmanns anfängliche Abneigung noch durch Alexanders Sticheleien aus der Ruhe zu bringen; Bauer Sonnmann hilft den Kindern spontan; Alexander schafft es, über sich und den Spaß, den die anderen sich erlaubt haben, zu lachen)
- Zur internationalen Batnight kann man Fledermäusen auf den unterschiedlichsten Veranstaltungen begegnen. Die Nacht der Fledermäuse findet jährlich im August oder September statt. Aktuelle Termine werden auf *www.nabu.de/tiere-und-pflanzen/aktionen-und-projekte/batnight/index.html* veröffentlicht.
- Unter *www.nabu-shop.de* finden Sie verschiedenes Material zum Thema „Fledermäuse": vom kostenpflichtigen Fledermaus-Schlüsselanhänger bis zur kostenlosen Postkarte.

Nach der Lektüre

Hinweise zu den Kopiervorlagen

Flatterspiel

In dem Würfelspiel setzen sich die Kinder nach der Lektüre mit dem gesamten Buch auseinander. Das Spiel ist angelehnt an das bekannte Prinzip der Leiterspiele. Die Schüler können sich hier jedoch vor einem Absturz retten, indem sie Rettungschips ergattern.

Kopieren Sie die Hälften des Spielplans (Seite 44/45). Die Kinder kleben sie auf einen dünnen Pappkarton und malen sie aus. Um eine bessere Haltbarkeit zu gewährleisten, können Sie den Spielplan laminieren. Die Karten werden ebenfalls kopiert, laminiert und ausgeschnitten. Die Blanko-Kärtchen dürfen die Schüler selbst mit Aktionen füllen.

Die Aktions- und Fragekarten werden gemischt und verdeckt auf die entsprechenden Felder des Plans gelegt. Jeder Mitspieler stellt eine Spielfigur auf das Startfeld. Es wird reihum gewürfelt. Wer die höchste Zahl würfelt, beginnt. Landet ein Spieler auf einem Aktionsfeld, nimmt er eine entsprechende Karte. Bei einem Fragefeld zieht sein linker Nachbar eine Karte und liest die Frage vor. Das Kind führt die angegebene Aktion aus oder beantwortet die Frage. Ob eine Aktion als „geschafft" gilt, entscheiden die Schüler gemeinsam. Im Zweifelsfall stimmen sie darüber ab. Sieger ist, wer als Erster im Ziel ist.

KV Seite 47

Fledermaus-Song

Den Fledermaus-Song können Sie flexibel in jeder Phase der Lektüre einsetzen. Das Singen in der Gruppe macht den Kindern viel Freude. Es schult das Rhythmusgefühl und den Umgang mit Sprache. Da das Lied auf die bekannte und eingängige Melodie von „Brüderchen, komm tanz mit mir" gesungen wird, können Sie die Schüler anschließend eigene Strophen dichten lassen.

Zahlenfledermaus

Dieses Arbeitsblatt eignet sich sehr gut für Freiarbeitsphasen. Für die Kinder ist es spannend zu beobachten, wie die Fledermaus nach und nach entsteht. Gleichzeitig ist konzentriertes und genaues Arbeiten gefragt. Auch etwas Durchhaltevermögen gehört dazu, bis die Schüler schließlich stolz ihre eigenen Kästchenfledermäuse in den Händen halten.

Wenn Sie wollen, können Sie in diesem Zusammenhang den Begriff „Pixel" erklären, da diese Art des Malens als „Pixelmalen" oder als „Malen mit Pixeln" bekannt ist.

Lösung

Internet

www.naju.de: Die NAJU (Naturschutzjugend im NABU) ist deutschlandweit der größte Kinder- und Jugendverband im Natur- und Umweltschutz.
www.nabu.de/tiere-und-pflanzen/saeugetiere/fledermaeuse/: Hier bündelt der NABU alle Fakten zum Thema „Fledermäuse" in zahlreichen Artikeln. Zudem können Sie Fledermauspate werden oder sich bei Fragen an die Fledermaushotline wenden (Tel. 030 284984-5000).
www.deutschewildtierstiftung.de/wildtiere/fledermaus: Die Deutsche Wildtier Stiftung hat es sich zur Aufgabe gemacht, Deutschlands wilde Tiere zu schützen, ihren Lebensraum zu erhalten und zu erweitern.
www.nabu.de/tiere-und-pflanzen/saeugetiere/fledermaeuse/arten/index.html: Hier finden Sie eine Übersicht der in Deutschland lebenden Fledermausarten und haben die Möglichkeit, sich unterschiedliche Fledermausrufe anzuhören.
www.bat-ev.de/index.php/41-fledermausbaby: Unter dieser Adresse können Sie einen Erfahrungsbericht lesen, der eine Fledermauskind-Rettungsaktion schildert.

Museen und Informationszentren (Auswahl)

Bayerisches Fledermaus-Zentrum Schloss Thurn
Schlossstraße 18
91336 Heroldsbach
www.fledermauszentrum-schloss-thurn.de

Berliner Artenschutz Team BAT e. V.
Zitadelle, Haus 4
Am Juliusturm 64
13599 Berlin
www.bat-ev.de

Internationales Fledermausmuseum Julianenhof
Julianenhof 15b
15377 Märkische Höhe
www.fledermausmuseum-julianenhof.de

Noctalis Fledermaus-Zentrum GmbH
Oberbergstraße 27
23795 Bad Segeberg
www.noctalis.de

Österreichisches Fledermaushaus
Arge NATURSCHUTZ
Gasometergasse 10
AT-9020 Klagenfurt
www.arge-naturschutz.at/projekte/fledermaushaus/

SSF – Stiftung zum Schutze unserer Fledermäuse in der Schweiz
c/o Zoo Zürich
Zürichbergstrasse 221
CH-8044 Zürich
www.fledermausschutz.ch/ausstellung-fledermaus-welt

Sachbuch und Kamishibai

Johanna Prinz, *Die Fledermaus* (Schauen und Wissen!), München: Hase und Igel 2017

Die Fledermaus. 10 Erzählkarten für naturbegeisterte Kinder, München: Hase und Igel 2018

 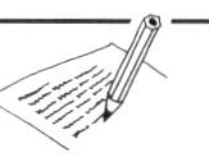   

Name:

Fragen über Fragen

Sieh dir das Buch von außen gut an. Beantworte dann die Fragen.

1. Worum, glaubst du, geht es in dem Buch?

2. Hast du schon einmal eine Fledermaus gesehen? Kreuze an.

☐ ja ☐ nein

3. Wenn ja: Wann und wo war das?

4. Was weißt du über Fledermäuse?

5. Wie findest du Fledermäuse? Schreibe mindestens drei Adjektive auf.

Male eine Fledermaus.

Name:

lesen schreiben Spracharbeit singen malen/basteln

Wer sagt was?

Lies die Sätze und überlege, wer spricht.
Rahme die Sprechblasen farbig ein:
Mia = rot, Alexander = blau.

Lies im 1. Kapitel (ab Seite 5) nach.

Wenn man zu mehreren ist, tarnen sie sich als Fledermäuse. Aber wehe, sie erwischen dich allein! Dann verwandeln sie sich in ihre menschliche Gestalt und stürzen sich auf dich, um dein Blut auszusaugen! **(N)** ☐

Quatsch! Vampire wie Graf Dracula gibt es gar nicht wirklich. **(G)** ☐

Nein danke! Deinen Unsinn mach ich nicht mit. **(T)** ☐

☐ Weißt du eigentlich, dass es hier Fledermäuse gibt? Gestern Abend hab ich von meinem Fenster aus welche im Garten gesehen. Ich wette, das sind echte Vampire. **(A)**

☐ Du glaubst mir nicht? Na, wenn du dir da so sicher bist, wieso gehst du dann nicht mal bei Dunkelheit allein in den Garten? Zum Beispiel heute Abend? Oma und Opa sind beim Kegeln. Wir könnten eine Mutprobe abhalten. **(S)**

Bringe die Aussagen in die richtige Reihenfolge. Nummeriere von 1 bis 5. Die Buchstaben dahinter ergeben der Reihe nach ein Lösungswort. Schreibe es auf.

Alexander will Mia 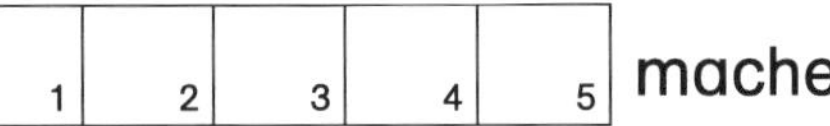 machen.

Name:

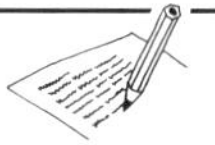

lesen **schreiben** **Spracharbeit** singen **malen/basteln**

Vampire

Wie sehen Vampire aus? Male einen in den Rahmen und schreibe auf die Linien, was dir dazu einfällt. Die Begriffe helfen dir dabei.

Mondschein

blass

Dunkelheit

gruselig

Knoblauch

Lies das Gedicht und schreibe dein eigenes Elfchen über Vampire. Der Bauplan und deine Begriffe von oben helfen dir.

Die Zeilen in einem Gedicht heißen Verse.

Buch
viele Buchstaben
lassen mich träumen
Ich lese gern Geschichten
spannend

Elfchen-Bauplan
Ein Wort: ein Nomen
Zwei Wörter: Wie ist oder was macht das Wort aus Vers 1?
Drei Wörter: Beschreibe Vers 2 genauer.
Vier Wörter: Was denkst oder fühlst du?
Ein Wort: ein Abschlusswort

Es gibt viele Geschichten über Vampire. Kennst du welche? Erzähle.

Name:

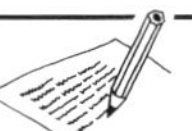

lesen **schreiben** **Spracharbeit** singen malen/basteln

Lustige Namen

Paul und Mia beobachten im Garten Wasserfledermäuse. Es gibt 25 heimische Fledermausarten. Manche von ihnen haben lustige Namen.

Bringe die Buchstaben in die richtige Reihenfolge und bilde ein zusammengesetztes Nomen mit Fledermaus. Schreibe auf.

Achte auf die Groß- und Kleinschreibung.

1. A R T B ______
2. I M P W E R ______
3. G W E R Z ______ + Fledermaus
4. R E S S W A ______
5. P O M S ______

Überlege dir, was der Name über die Fledermausart aussagt. Trage die passende Zahl von oben ein.

Der erste Teil eines zusammengesetzten Nomens beschreibt den zweiten Teil näher.

	Die Nase dieser Fledermaus erinnert an die Schnauze der Hunderasse … **(T)**
	Diese Fledermausart jagt besonders gern am … **(S)**
	Sie verdankt ihren Namen den Tasthaaren auf der Schnauze, die aussehen wie ein … **(P)**
	Diese Art gehört zu den kleineren Fledermäusen. Sie ist winzig wie ein … **(S)**
	Gekrümmte Härchen an der Schwanzflughaut dieser Fledermausart erinnern an … **(A)**

Die Buchstaben hinter den Sätzen ergeben in der richtigen Reihenfolge ein Lösungswort. Schreibe es auf.

Lösungswort: | 1 | 2 | 3 | 4 | 5 | !

Was fressen Tiere?

Heimische Fledermäuse ernähren sich hauptsächlich von Insekten, weiß Paul.

Was fressen diese Tiergruppen? Schreibe die Sätze in dein Heft. Beachte dabei die Groß- und Kleinschreibung sowie die Zeichensetzung.

Tipp: Trenne die Wörter mit Strichen ab.

BEIPFLANZENFRESSERNSTEHENPFLANZENAUFDEMSPEISEPLAN

FLEISCHFRESSERBEVORZUGENTIERISCHENAHRUNG

ALLESFRESSERERNÄHRENSICHVONFLEISCHUNDPFLANZEN

Wozu gehört die Wasserfledermaus im Buch? Male sie entsprechend an: Pflanzenfresser = grün, Fleischfresser = rot, Allesfresser = gelb.

Ist das Tier ein Pflanzen-, Fleisch- oder Allesfresser? Schreibe auf.

1. Das Wildschwein wühlt in der Erde nach Kartoffeln, Käfern oder Larven. Es ist ein ________________.
2. Das Reh knabbert an jungen Bäumen und kleinen Farntrieben. Es mag auch Früchte und Nüsse. Das Reh ist ein ________________.
3. Der Luchs jagt gern Rehe. Auch Rotfüchse, junge Wildschweine, Mäuse, Marder und Vögel stehen auf seinem Speiseplan. Der Luchs ist ein ________________ ________________.

Name:

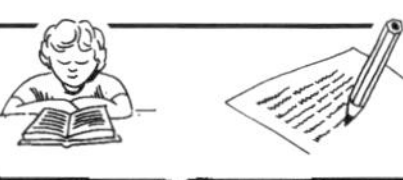

lesen **schreiben** Spracharbeit singen malen/basteln

Der Körper der Fledermaus

Lies den Text.

Die Fledermaus ist ein richtiger Meister im Fliegen. Die **Flughaut** hilft ihr dabei. Sie spannt sich zwischen Armen, Beinen und dem **Schwanz**. Wie beim Menschen bestehen die Arme der Fledermaus aus **Oberarm** und **Unterarm**. Allerdings sind die **Finger** viel länger. Nur die beiden **Daumen** sind kurz und besitzen wie die Füßchen lange **Krallen**. **Oberschenkel** und **Unterschenkel** bilden die Beine. Der **Körper** der Fledermaus ist behaart. Am Kopf befinden sich große **Ohren**. Mit den spitzen **Zähnen** knackt sie die harten Insektenpanzer. Sie hat eine feine Nase.

Trage die fett gedruckten Körperteile an den passenden Stellen ein.

Das Wort „Kralle“ musst du zweimal einsetzen.

Name:

lesen schreiben Spracharbeit singen **malen/basteln**

Die Fledermaus im Jahreslauf

Die Fledermäuse haben in der Scheune eines Landwirts ihre Wochenstube eingerichtet. Im Herbst ziehen sie weiter in die Winterquartiere.

Schneide die Teile des Kreises unten aus und klebe sie oben richtig ein.

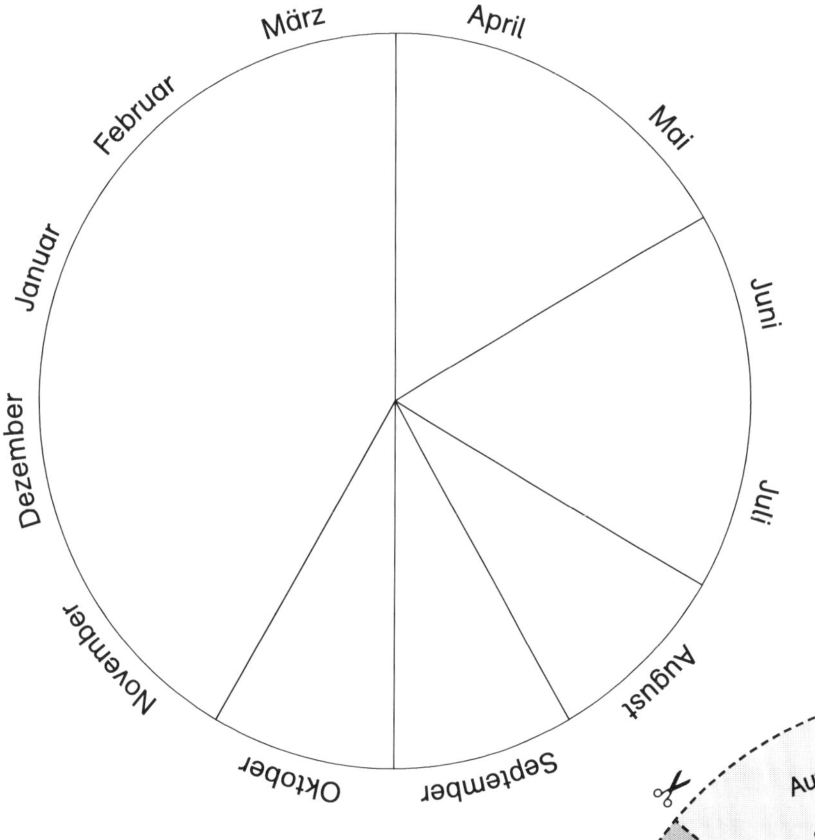

März
April
Mai
Juni
Juli
August
September
Oktober
November
Dezember
Januar
Februar

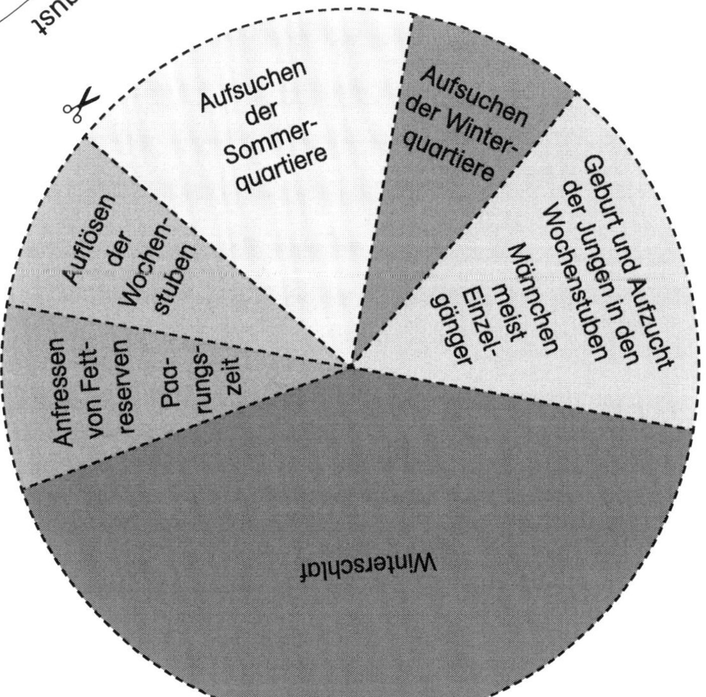

Aufsuchen der Sommerquartiere

Aufsuchen der Winterquartiere

Geburt und Aufzucht der Jungen in den Wochenstuben
Männchen meist Einzelgänger

Winterschlaf

Anfressen von Fettreserven

Paarungszeit

Auflösen der Wochenstuben

Name:

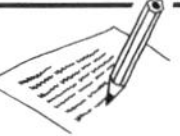

lesen **schreiben** Spracharbeit singen malen/basteln

Kreuzworträtsel

Trage die gesuchten Begriffe in das Kreuzworträtsel ein und schreibe das Lösungswort auf. Verwende Großbuchstaben.

Lies im 3. Kapitel (ab Seite 16) nach.

1. Für dieses Fest hat Paul das Fledermauskostüm.
2. So heißen die Fledermäuse, die sich von Rinderblut ernähren.
3. Heimische Fledermäuse fressen hauptsächlich …
4. Die Tiere jagen Fliegen, Falter und …
5. Das Graue … hat besonders große Ohren.
6. Alle Fledermäuse haben weich aussehendes …
7. Das … der Fledermaus sieht dem der Menschen ähnlich.
8. Paul prüft, ob sich dieser Vogel an den Fledermauskästen zu schaffen gemacht hat.
9. Hier haben Fledermausweibchen eine Wochenstube eingerichtet.

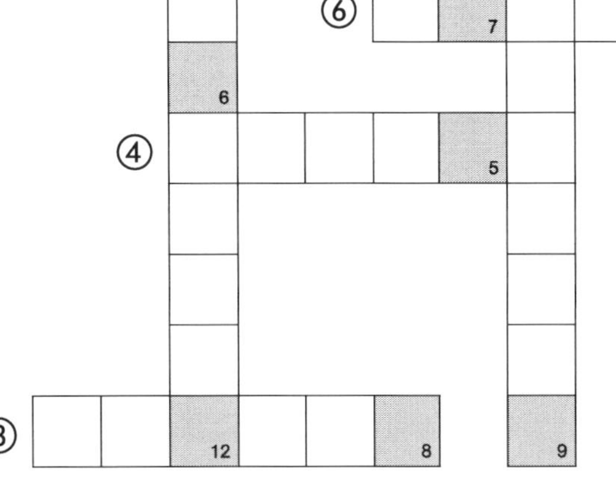

Lösungswort:	Q	U	1	2	3	4	5	6	B	7	8	9	10	11	12	R

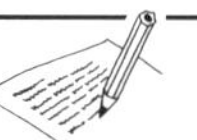

Name:

lesen **schreiben** Spracharbeit singen malen / basteln

Achtung, Tollwut!

Mias Oma sorgt sich, ihre Enkelin und Paul könnten sich mit Tollwut anstecken.

Lies die Abschnitte und ordne die Fragen richtig zu.

Woran erkennt man Tollwut?
Was ist Tollwut?
Kann man sich in Deutschland mit Tollwut anstecken?
Was kann man gegen Tollwut tun?

Tollwut ist eine Krankheit, die Tiere befällt. Durch einen Biss kann sie auch auf Menschen übertragen werden. Deshalb muss man sich gut davor schützen.

In Deutschland ist die Tollwut eigentlich ausgerottet. Das Land gilt als tollwutfrei. Nur einzelne Fledermäuse können noch mit dem Erreger infiziert sein. Wenn man sich aber daran hält, Fledermäuse nicht anzufassen, passiert nichts.

In anderen Ländern können auch Hunde oder andere Tiere an Tollwut erkrankt sein. Dort darf man niemals streunende Tiere anfassen. Manchmal erkennt man ein Tier mit Tollwut daran, dass es Schaum vor dem Mund hat. Das ist so, weil die Tiere nicht mehr richtig schlucken können. Tollwut führt zu einer Entzündung des Gehirns. Beim Menschen zeigt sich eine Infektion auch durch Kopfschmerzen, Fieber und Appetitlosigkeit.

Sind ein Tier oder ein Mensch an Tollwut erkrankt, helfen keine Medikamente mehr. Es gibt aber eine Impfung, mit der man Hunde oder sich selbst z. B. bei Reisen ins Ausland schützen kann. Außerdem werden kleine Leckerli mit dem Impfstoff im Wald verstreut und dort von Füchsen gefressen.

Name:

lesen schreiben Spracharbeit singen **malen/basteln**

Wenn es dunkel wird …

… werden die Fledermäuse munter. Sie sind nachtaktiv.

Verbinde die Satzteile, die zusammengehören. So erfährst du etwas über nachtaktive Tiere.

Wenn du nachts schläfst, •	• um sich im Dunkeln zurechtfinden zu können.
Nachtaktive Tiere •	• weil sie ihnen zu warm ist.
Viele nachtaktive Tiere sehen, riechen oder hören besonders gut, •	• werden viele Tiere erst wach.
Kleine Tiere nutzen die Dunkelheit, •	• schlafen tagsüber.
Andere meiden die Sonne, •	• wenn sie, wie Vögel, tagsüber unterwegs wären.
Fledermäuse würden überhitzen, •	• um sich vor Feinden besser verstecken zu können.

Wer ist nachtaktiv, wer tagaktiv? Lies die Sätze und male entsprechend einen Mond oder eine Sonne in das Kästchen.

- [ ] Die Katze kann auch bei Dunkelheit hervorragend sehen.
- [ ] Die Fledermaus orientiert sich mithilfe von Ultraschall und braucht kein Licht zum Sehen.
- [ ] Die Landschildkröte benötigt die Wärme der Sonne, um zu überleben.
- [ ] Wir Menschen können bei Tageslicht viele verschiedene Farben wahrnehmen.
- [ ] Glühwürmchen senden Leuchtsignale aus, die im Dunkeln gut zu erkennen sind.

Name:

lesen | schreiben | Spracharbeit | singen | malen/basteln

Sinnvolle Sätze

Hier fehlt doch etwas! Beende die Sätze so, wie sie im Buch stehen.

Lies im 4. Kapitel (ab Seite 25) nach.

1. Oma mit ihren vielen Blumenrabatten und Opa mit seinen Obstbäumen und dem großen Teich haben ______________________________.
2. Mia und Paul schwingen sich auf ihre Fahrräder und ______________________________.
3. Trotzdem ist es sicherer, das am Abend zu machen, wenn ______________________________.
4. Der Bauer sieht seine Tochter an und ______________________________.

Wie kann man auch sagen? Lies die Sätze und schreibe sie mit deinen eigenen Worten so um, dass der Sinn erhalten bleibt.

1. „Was treibt euch denn her?“

____

2. „Es ist ja Ihr gutes Recht, eine neue Scheune zu bauen.“

____

3. „Das hab ich lange genug geduldet.“

____

4. „Ach, Juli, dass du immer so was anschleppst.“

____

Name:

lesen schreiben Sprascharbeit singen **malen/basteln**

Was ist ein Quartierbetreuer?

Als Quartierbetreuer kennt sich Paul gut mit Fledermäusen aus. Markiere die richtigen Aussagen grün, die falschen rot.

1. Als Quartierbetreuer schaue ich, dass die Fledermauskästen unbeschadet durchs Jahr kommen. ♡
2. Außerdem räume ich auf manchen Dachböden den Fledermauskot weg. △
3. Handschuhe kann ich als Quartierbetreuer weglassen. Die brauche ich nicht. ○
4. Ich weiß, wie nah ich an die Tiere herangehen kann, ohne sie zu stören. Ich darf ganz vorsichtig und leise nach dem Rechten sehen. ▭
5. In meinem Rucksack habe ich immer alles dabei, was ich brauche, um im Notfall eine Fledermaus zu retten. ⏢
6. Zur Rettung einer Fledermaus benötige ich einen Kühlschrank und süße Limo. ⬡

Male die Felder mit den Symbolen der zutreffenden Aussagen braun an. So entdeckst du einen Feind der Fledermaus.

Ändere die falschen Sätze so, dass sie stimmen. Schreibe in dein Heft.

Name:

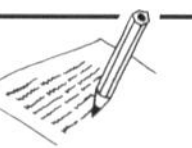

lesen schreiben Sprachargeit singen malen/basteln

Was stimmt?

Kreuze jeweils die richtige Antwort an.

Lies im 5. Kapitel (ab Seite 34) nach.

1. Warum spürt Mia ihr Herz klopfen?
- ☐ Mia ist gespannt, ob Paul der kleinen Fledermaus helfen kann. **(ER)**
- ☐ Sie ist verliebt. **(BU)**
- ☐ Das Mädchen hat immer noch Angst vor den Vampirfledermäusen. **(ZU)**

2. Woran erkennt Paul, dass es sich bei der Fledermaus auf dem Boden um ein Jungtier handelt?
- ☐ Die Fledermaus hat noch keine Zähne. **(ST)**
- ☐ Das Kleine ist ganz nackt und hat die Augen geschlossen. **(TI)**
- ☐ Er erkennt es am lauten Fiepen, das typisch für junge Fledermäuse ist. **(PF)**

3. Was hat Mia dabei, um die Fledermäuse besser beobachten zu können?
- ☐ Sie hat Omas Lupe mitgenommen. **(DE)**
- ☐ Mit Opas Fernglas schaut sie hoch ins Gebälk. **(ER)**
- ☐ Mia hat extra ihre Brille aufgesetzt, die sie sonst öfter vergisst. **(IE)**

4. Was legt Paul in den Karton mit den Luftlöchern?
- ☐ In den Karton kommt eine Wärmflasche mit einem Handtuch. **(TT)**
- ☐ Paul gibt etwas Käse in den Karton, sodass die Fledermaus nicht verhungert. **(WE)**
- ☐ Damit die Fledermaus vertraute Geräusche hört, legt Paul sein Handy hinein, das Fledermaustöne abspielt. **(FR)**

5. Womit versucht Paul der Fledermaus etwas zu trinken zu geben?
- ☐ Paul hat eine Aufzuchtflasche für Kälbchen dabei. **(ER)**
- ☐ Der Junge stellt eine Schale mit Wasser in den Karton. **(KL)**
- ☐ Die Fledermaus ist so klein, dass Paul sie nur mit einer Pipette füttern kann. **(MU)**

Die Buchstaben hinter den richtigen Sätzen ergeben von unten nach oben gelesen ein Lösungswort. Schreibe es auf.

Das ______________ hat ihr Junges verloren.

Referate halten: Freund und Feind 1

Fressfeinde der Fledermaus

1. Sammle Informationen:
   - Fledermäuse müssen sich vor einigen Raubtieren in Acht nehmen:

Eule | Katze | Marder | Waldkauz

   - Recherchiere in Büchern und im Internet zu dem Thema und zu weiteren Fressfeinden der Fledermaus.
2. Mache dir Notizen:

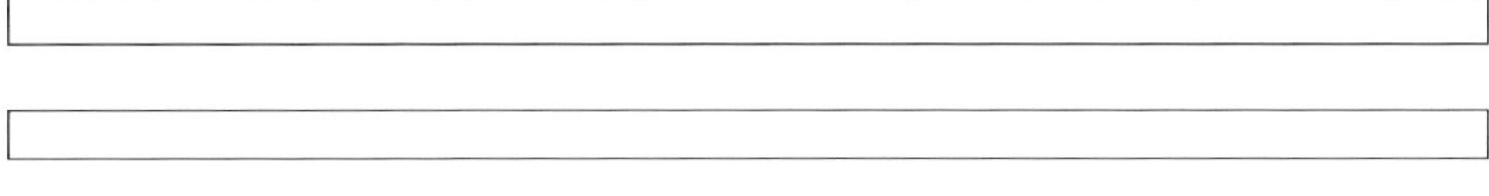

3. Wähle passende Bilder und Texte aus und gestalte damit ein Plakat.
4. Erzähle mithilfe deines Plakats der Klasse von den Fressfeinden.

Referate halten: Freund und Feind 2

Der Mensch als Feind der Fledermaus

1. Sammle Informationen:
   - Manchmal zerstört der Mensch den Lebensraum der Fledermaus durch:

Straßenbau | Abriss von Gebäuden | Gifte | Insektenbekämpfungsmittel

Verschließen von Spalten in Gebäuden | Verfolgung aufgrund des Aberglaubens

   - Recherchiere in Büchern und im Internet zu den Stichpunkten.
2. Mache dir Notizen:

3. Wähle passende Bilder und Texte aus und gestalte damit ein Plakat.
4. Erzähle mithilfe deines Plakats der Klasse von den Gefahren.

Referate halten: Freund und Feind 3

So schützt du Fledermäuse

1. Sammle Informationen:
   - So schützt man Fledermäuse:

den Garten fledermausfreundlich gestalten | Fledermauskästen aufhängen | als Quartierbetreuer tätig werden | fledermausfreundlich bauen

   - Recherchiere in Büchern und im Internet zu den Stichpunkten.
2. Mache dir Notizen:

3. Wähle passende Bilder und Texte aus und gestalte damit ein Plakat.
4. Erzähle mithilfe deines Plakats der Klasse vom Fledermausschutz.

Referate halten: Freund und Feind 4

So schützt du Insekten

1. Sammle Informationen:
   - Um Fledermäuse zu schützen, ist es nötig, Insekten zu schützen. Warum?

   - So kannst du Insekten schützen:

heimische Gewächse in den Garten pflanzen | Nisthilfen bauen | wilde Ecken im Garten entstehen lassen | auf chemische Mittel verzichten

   - Recherchiere in Büchern und im Internet zu den Stichpunkten.
2. Mache dir Notizen:

3. Wähle passende Bilder und Texte aus und gestalte damit ein Plakat.
4. Erzähle mithilfe deines Plakats der Klasse vom Insektenschutz.

Name:

lesen schreiben Spracharbeit singen **malen / basteln**

Der Trick mit dem Ultraschall

Fledermäuse finden sich prima im Dunkeln zurecht. Sie benutzen dafür ihre Ohren.

Wie funktioniert das? Lies den Text.

Fledermäuse stoßen sehr hohe Töne aus, die sich als unsichtbare Schallwellen in der Luft verbreiten. Wenn die Wellen auf ein Hindernis treffen, werden sie zu ihr zurückgeworfen. Das Tier hört dann, wie weit das Hindernis entfernt ist, wie groß es ist und welche Form es hat. Auf diese Weise erkennt die Fledermaus auch ihre Nahrung. Sogar einzelne Haare, die im Wind wehen, kann sie umfliegen.
Die Töne, die die Tiere produzieren, sind so hoch, dass wir Menschen sie nicht hören. Fledermausforscher benutzen deshalb spezielle Geräte, sogenannte Fledermausdetektoren, die die Töne in für uns hörbare Laute umwandeln. Da jede Art ihren eigenen Ruf besitzt, können die Forscher ermitteln, welche Fledermaus gerade durch die Luft saust.

Welchen Weg nimmt der Ton zwischen Fledermaus und Beute? Male die Schallwellen, die zurückgeworfen werden, weiter.

Male die Schallwellen jetzt richtig an: ausgesendete Ultraschallwellen = rot, zurückgeworfenes Echo = blau.

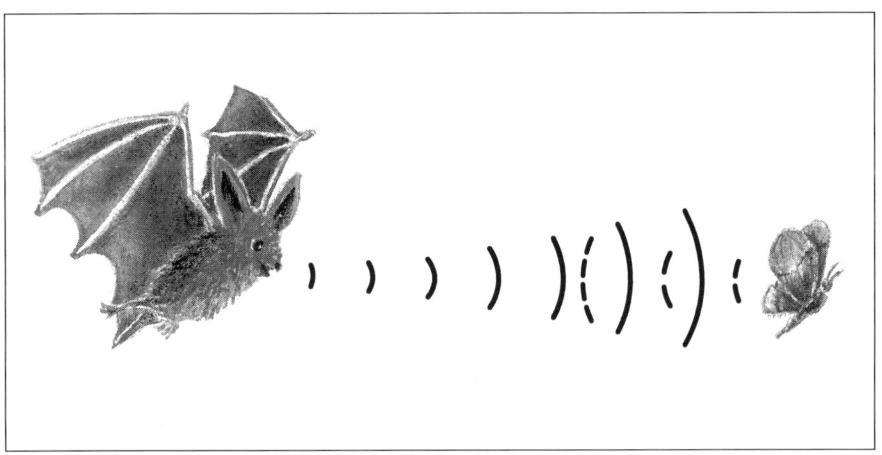

Meine Fledermaus-Fingerpuppen

Du brauchst:

- Bleistift
- DIN-A4-Blatt braunes Tonpapier
- DIN-A4-Blatt schwarzes Tonpapier
- Schere
- schwarzen Stift
- evtl. vier Klebeaugen
- Klebeband
- Klebestift

So geht's:

1. Male ein 8 × 5 cm und ein 8 × 4 cm großes Rechteck auf das braune Tonpapier.
2. Schneide die zwei Rechtecke aus.
3. Lege die beiden Streifen der Länge nach vor dich. Zeichne mit dem schwarzen Stift Augen, Mund und Zähne in die Mitte der Streifen. Du kannst auch Klebeaugen verwenden.
4. Übertrage die Vorlagen der Flügel auf das schwarze Tonpapier und schneide sie aus.
5. Male mit einem Bleistift die Knochen auf die Flügel.
6. Rolle die beiden braunen Streifen so zusammen, dass sie über deinen Zeigefinger passen. Sie sollten nicht zu eng werden, damit die Gesichter gut zu erkennen bleiben. Fixiere sie mit Klebeband. Jetzt hast du zwei Fledermauskörper: einen kleinen für Klickklick und einen großen für die Mutter.
7. Klebe die kleinen Flügel hinten an die kleine Rolle und die großen Flügel an die große.
8. Falte die Rollen am oberen Rand vorne und hinten nach innen, sodass die Ohren entstehen.

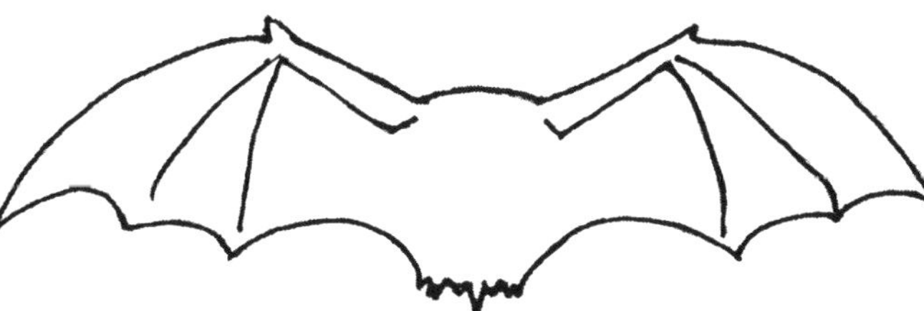

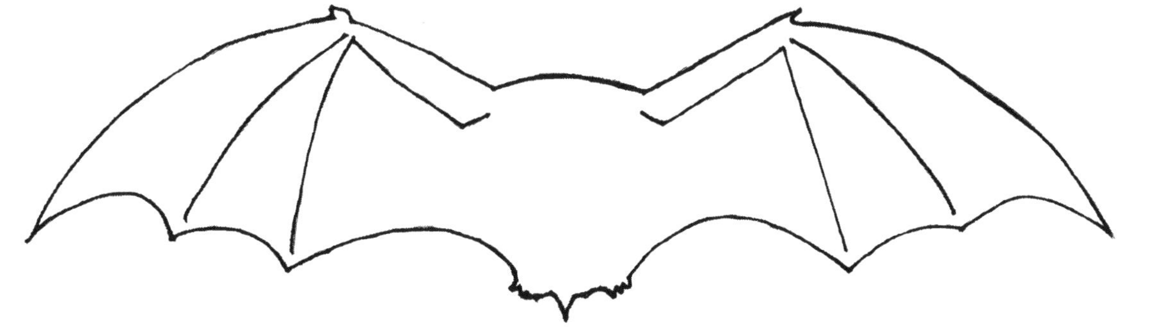

Szenisches Spiel

Mia und Juli sitzen auf Stühlen und unterhalten sich.

Juli Eigentlich ist Papa tierlieb. Er ärgert sich nur immer über den Fledermausdreck im Heu.

Mia Es gibt Kotbretter, die er anbringen kann. Dann bleibt das Heu sauber.

Paul und Bauer Sonnmann kommen dazu. Paul trägt eine Plastikwanne. Darin befinden sich zusammengeknüllte Socken und eine in ein Handtuch gewickelte Flasche mit warmem Wasser. Bauer Sonnmann trägt zwei Heuballen (einen Tisch) in die Mitte. Paul stellt die Wanne darauf, zieht einen Socken über die Flasche und stellt den Sockenturm in die Wanne.

Paul Das hier ist eine Fledermauskind-Rettungsinsel. Das heruntergefallene Junge setzt man auf so einen Sockenturm. Es kann sich mit seinen Krallen daran festhalten. Das Wasser in der Flasche ist natürlich warm, damit es behaglich ist. Sollte das Kleine runterfallen, landet es sicher in der Schüssel. Es findet am glatten Rand keinen Halt und kann nur an der Socke wieder raufkrabbeln.

Juli Und da sieht die Mutter es dann sitzen und holt es ab?

Paul *(nickt)* Ja. Aber Klickklicks Mutter wird ihr Kleines vor allem über die Rufe finden.

Mia Toll!

Juli *(freut sich)* Au ja! Setz Klickklick auf die Rettungsinsel!

Paul trägt die Schachtel mit Klickklick zur Wanne. Er streift sich die dicken Handschuhe über und setzt die kleine Fledermaus vorsichtig auf die Flasche. Dann lassen sich die vier etwas abseits auf Stühlen nieder und warten darauf, was passieren wird.

Juli Hast du nicht gesagt, dass Klickklick nach seiner Mama ruft? Ich höre gar nichts.

Mia Das kann ich beantworten. Die Fledermäuse verständigen sich mit Ultraschalltönen. Wir hören diese Töne nicht. Sie sind viel zu hoch für unsere Ohren.

Die vier schauen gespannt nach oben. Eine Fledermaus, die mehrmals im Kreis gesaust ist, stößt herab und landet neben Klickklick. Das Kleine erkennt seine Mutter und klammert sich an ihr fest. Die beiden verschwinden im Gebälk.

Juli *(jubelt)* Es hat geklappt! Danke, dass du uns geholfen hast, Papa!

Bauer Ich hab ja nichts gemacht. Ich glaube, Klickklick hat sein Happy End Paul und Mia zu verdanken – denn sie haben hier schließlich nach dem Rechten gesehen. *(Er klopft den beiden anerkennend auf die Schulter.)*

Mia macht ein stolzes Gesicht.

Leise schleicht die Beobachtergruppe hinaus.

Rettungsflug

Hilf der Mutter, Klickklick wiederzufinden!

Spure nach. Markiere den richtigen Flugweg blau.

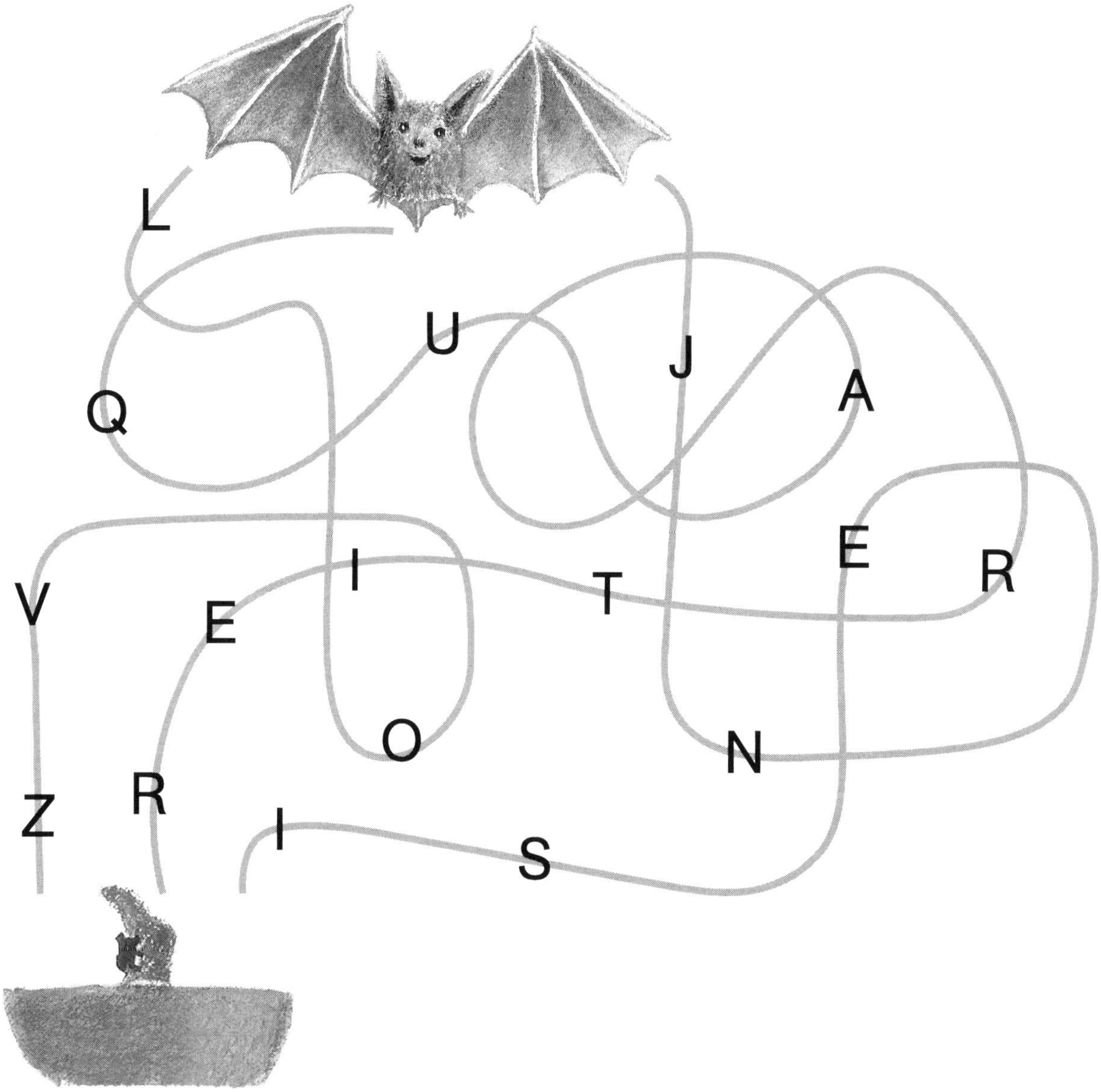

Die Buchstaben entlang des richtigen Flugwegs ergeben ein Lösungswort. Schreibe es auf.

Lösungswort: ____________________

Klickklick wird gerettet

Was passiert bei Klickklicks Rettung? Schneide die Satzkärtchen aus und lege sie in der richtigen Reihenfolge aneinander. Achtung: Zwei Karten gehören nicht dazu!

Lies im 6. und 7. Kapitel (Seite 42 bis 55) nach.

Die fett gedruckten Buchstaben ergeben der Reihe nach zwei Lösungswörter. Schreibe sie auf.

Die Hilfsaktion um die kleine Fledermaus hat ein ☐☐☐☐☐ ☐☐☐!

✂

ANFANG Mia und Juli warten auf die Rückkehr von Bauer Sonnmann und Paul.	Die beiden passen auf, **(H)**	und klammert sich blitzschnell an sie.	Die Mutter fliegt mit Klickklick zurück ins Gebälk. ENDE **(D)**
sodass seine Mutter das Kleine erkennen kann.	Eine Fledermaus stößt plötzlich herab. Klickklick erkennt seine Mutter **(N)**	wo die Fledermäuse hängen.	Paul stellt die Wanne auf die Heuballen. Er baut einen Sockenturm, **(P)**
weil sie Hunger haben.	Der Bauer holt außerdem Saftschorle für die Kinder, **(W)**	was passiert.	Im Gebälk werden die Fledermäuse munter. Klickklick gibt leise Geräusche von sich, **(E)**
dass sich die Katze nicht Klickklick schnappt.	Als Bauer Sonnmann und Paul wieder zurückkommen, **(A)**	haben sie eine große Plastikwanne dabei.	Der Bauer trägt zwei Heuballen unter den Platz, **(P)**
wenn die Fledermäuse unterwegs sind.	Die Kinder fragen den Bauern, ob sie spielen gehen dürfen, **(O)**	sodass eine Fledermaus-Rettungsinsel entsteht.	Der Junge setzt Klickklick auf die Rettungsinsel. Die vier warten gespannt, **(Y)**

Name:

lesen **schreiben** Spracharbeit singen malen/basteln

Klickklick trinkt bei seiner Mutter

Die Fledermaus ist das einzige Säugetier, das fliegen kann.

Lies den Text über Säugetiere und verbessere ihn: Trage jeweils am Satzende einen Punkt ein und schreibe die Satzanfänge groß.

Fledermäuse sind Säugetiere, so wie viele weitere Tiere. ~~e~~Es gibt die unterschiedlichsten Arten von Säugetieren die meisten leben an Land, andere im Wasser, die Fledermaus auch in der Luft doch sie alle haben eines gemeinsam: Sie säugen ihren Nachwuchs die Jungen saugen an den Zitzen der Mutter und trinken nahrhafte Milch Säugetiere bringen ihre Jungen lebend zur Welt sie schlüpfen nicht aus Eiern eines der wenigen Säugetiere, das Eier legt, ist das Schnabeltier

Überlege, ob das Tier ein Säugetier ist. Trage es passend in die Tabelle ein.

Ente · Fledermaus · Affe · Krokodil · Wal · Hai · Schlange · Katze · Dinosaurier · Schwein

Säugetier	kein Säugetier

Name:

lesen schreiben Spracharbeit singen **malen/basteln**

So nützlich sind Fledermäuse

Fledermäuse sind nützliche Tiere. Rahme grün ein, was stimmt. Streiche Vorurteile rot durch.

Alle Fledermäuse übertragen Krankheiten.

Ihr Kot eignet sich als Dünger.

Da sie viele unerwünschte Insekten fressen, sorgen sie für eine bessere Ernte.

Fledermäuse sind Vampire.

Sie verheddern sich in Haaren.

Wir verdanken ihnen weniger Mückenstiche.

Fledermäuse fressen riesige Mengen Insekten. Zähle, wie viele Insekten diese Fledermaus in nur einer Minute frisst.

Wie viele Insekten frisst die Fledermaus in fünf Minuten? Male jeweils die passende Anzahl von Insekten hinter die Zeitangabe. Zähle dann die Insekten und trage das Ergebnis unten ein.

1. Minute:     

2. Minute:

3. Minute:

4. Minute:

5. Minute:

In fünf Minuten frisst die Fledermaus  Insekten.

Auf welche Weise kannst du ausrechnen, wie viele Insekten die Fledermaus in fünf Minuten frisst? Schreibe auf.

Name:

lesen schreiben Spracharbeit singen **malen / basteln**

Mein Fledermaus-Expertenbüchlein

Bauer Sonnmann weiß nun viel mehr über Fledermäuse. So wie du!

Schneide die Fragen und Antworten aus und klebe sie passend zusammen. Hefte die Seiten mit einem Tacker zu einem Büchlein.

✂

Wieso schlafen Fledermäuse an der Decke hängend?	Warum fallen Fledermäuse im Schlaf nicht herunter?
Wieso haben Fledermäuse Krallen?	Welche ist die schnellste in Europa lebende Fledermaus?
Warum stürzen die kleinen Fledermäuse bei der Geburt nicht ab?	Wie alt werden Fledermäuse?
Wie groß ist die kleinste heimische Fledermaus?	Wie viele Tiere bilden zusammen eine Fledermauskolonie?
Weil sich ihre Krallen automatisch schließen.	Die kleinste heimische Fledermausart ist etwa so groß wie eine Streichholzschachtel.
Weil Feinde die Fledermäuse dort nicht so leicht erreichen. Außerdem können sie schnell fliehen, indem sie sich einfach fallen lassen und die Flügel ausbreiten.	Die Langflügelfledermaus. Sie kann bis zu 70 km / h schnell werden. Das ist schneller als ein Auto innerhalb eines Ortes fahren darf.
Weil sie manchmal bis zu ihrem Schlafort klettern müssen. Beim Schlafen dienen die Krallen zum Festhalten an der Decke.	Manche Arten werden bis zu dreißig Jahre alt. Aufgrund von Umweltgiften und fehlendem Lebensraum liegt das Durchschnittsalter mittlerweile nur noch bei ungefähr sechs Jahren.
Weil die Mutter mit ihren Schwanzflughäuten einen kleinen Beutel bildet, der das Junge auffängt.	Eine Fledermauskolonie kann aus mehreren Tausend Tieren bestehen. In Texas gibt es sogar eine Kolonie mit zwei Millionen Tieren.

Name:

lesen schreiben Spracharbeit singen **malen/basteln**

Bauer Sonnmann denkt um

Im Laufe der Geschichte ändert Bauer Sonnmann seine Meinung zu Fledermäusen. Schneide die Satzkarten aus. Ordne sie jeweils der richtigen Spalte zu und klebe sie ein.

Warum ändert der Bauer seine Meinung? Sprecht darüber.

Gegen die Fledermäuse	Für die Fledermäuse

✂

Bauer Sonnmann beschließt, auch die neue Scheune für die Fledermausweibchen offen zu lassen.	Bauer Sonnmann hilft und stellt zwei Heuballen unter die Fledermäuse.
Bauer Sonnmann sagt: „Ach, Juli, dass du immer so was anschleppst.“	Bauer Sonnmann sagt, dass er sich über den Fledermausdreck im Heu ärgert.
Bauer Sonnmann erzählt Juli vom Echolot der Unterseeboote und wirkt gar nicht mehr so griesgrämig.	Bauer Sonnmann blickt Paul düster an, als der sich als Quartierbetreuer vorstellt.
	Bauer Sonnmann fährt Paul mit dem Traktor.

Name:

Die Rache der Riesenfledermaus

Lies die Sätze und verbessere die falschen Wörter. Streiche sie durch und schreibe sie richtig darüber.

Lies im 9. Kapitel (ab Seite 60) nach.

Fledermauskostüm

Paul schlüpft in das ~~Fledermausquirium~~, von dem er Mia schon ermaust hat.

Paul versteckt sich in einer flirren Ecke vor der Vorratskammer.

Dort schnaubelt etwas Großes, Schwarzes um Alexander herum.

„Hilfe! Ein Vampir!“, kradaunzt er.

„Du bist auf deine eigene Burmelgeschichte reingefallen!“

„Ihr seid mir selbst so ein paar Pleuderiche!“, sagt er treungelnd.

Findest du gut, was Mia, Paul und Juli machen? Kreuze an und schreibe auf.

☐ Ich finde es gut, weil …   ☐ Ich finde es nicht gut, weil …

Findest du gut, wie Alexander reagiert? Kreuze an und schreibe auf.

☐ Ich finde es gut, weil …   ☐ Ich finde es nicht gut, weil …

Flatterspiel

Aktionskarten

✂

Alexander mag Gruselgeschichten. Sei ein gruseliges Gespenst und mache entsprechende Geräusche.	Alexander erzählt Mia Gruselgeschichten. Denk dir auch eine solche Geschichte aus und erzähle sie deinen Mitschülern.	Mia liest ein Buch über Fledermäuse. Hast auch du schon einmal ein Buch über ein bestimmtes Tier gelesen? Erzähle.	Mia erschrickt sehr, als sie mit Paul zusammenstößt. Mache vor, wie Mia in dem Moment ausgesehen haben könnte.
Wasserfledermäuse beschreiben im Flug eine Acht. Sei eine Wasserfledermaus. Mache ihren Flug nach und fange ein Insekt.	Mia und Paul radeln zum Bauernhof. Tu so, als würdest du Rad fahren.	Mia beobachtet die Fledermäuse mit Opas Fernglas. Tu so, als würdest du Fledermäuse durch ein Fernglas beobachten.	Die Kinder und der Bauer warten gespannt, was geschieht. Fällt dir noch etwas ein, auf das man gespannt warten könnte? Erzähle.
Paul, Mia, Juli und Bauer Sonnmann warten ganz ruhig. Mache vor, in welcher Position du auf etwas warten würdest.	Klickklick macht Klickgeräusche. Mache ein Tiergeräusch nach.	Im Vereinsheim der Naturfreunde bricht Jubel aus. Brich auch du in lauten Jubel aus.	Paul tut so, als wäre er eine Riesenfledermaus. Denk dir ein Tier aus und spiele es vor.

Flatterspiel

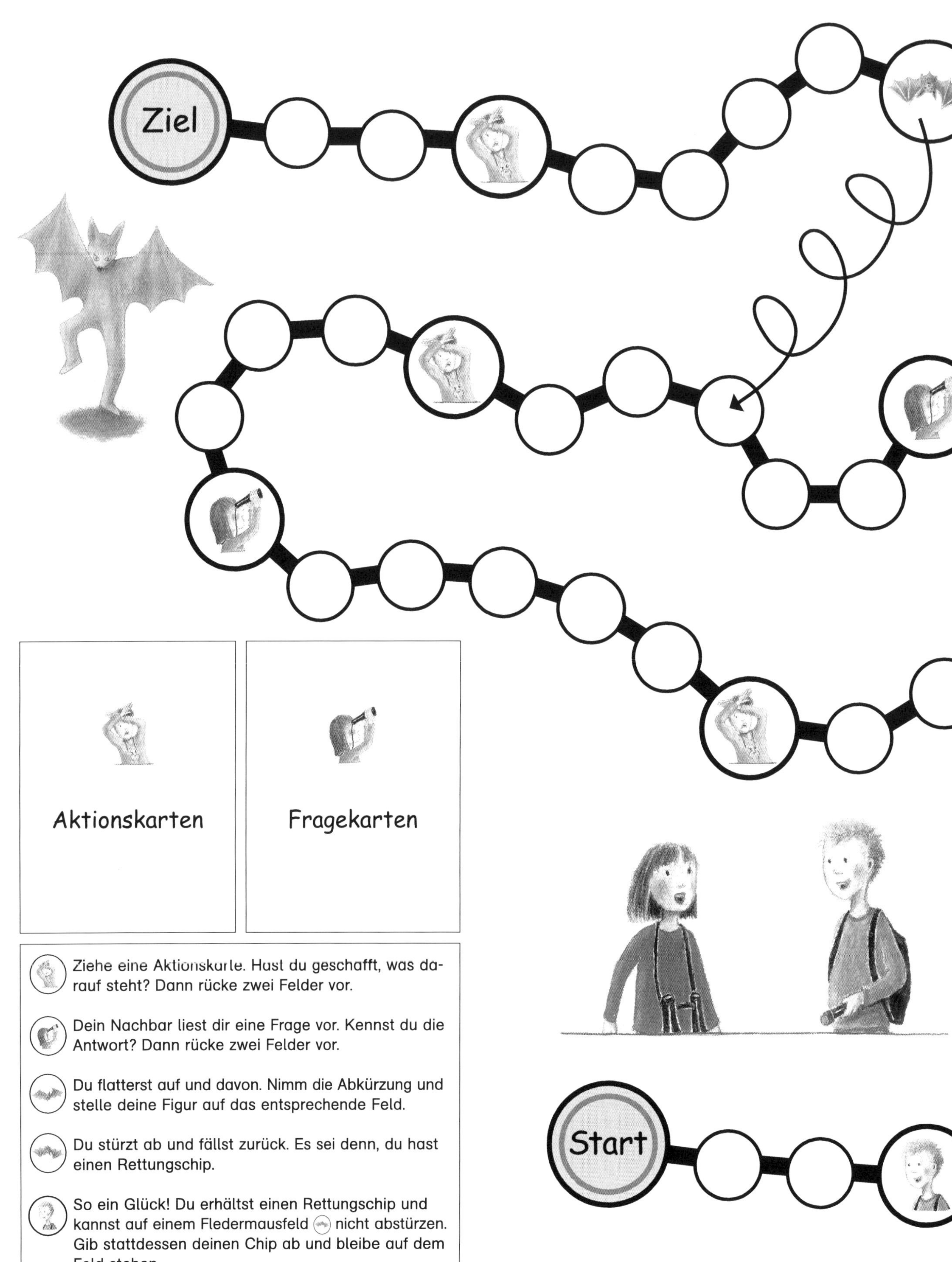

Ziehe eine Aktionskarte. Hast du geschafft, was darauf steht? Dann rücke zwei Felder vor.

Dein Nachbar liest dir eine Frage vor. Kennst du die Antwort? Dann rücke zwei Felder vor.

Du flatterst auf und davon. Nimm die Abkürzung und stelle deine Figur auf das entsprechende Feld.

Du stürzt ab und fällst zurück. Es sei denn, du hast einen Rettungschip.

So ein Glück! Du erhältst einen Rettungschip und kannst auf einem Fledermausfeld nicht abstürzen. Gib stattdessen deinen Chip ab und bleibe auf dem Feld stehen.

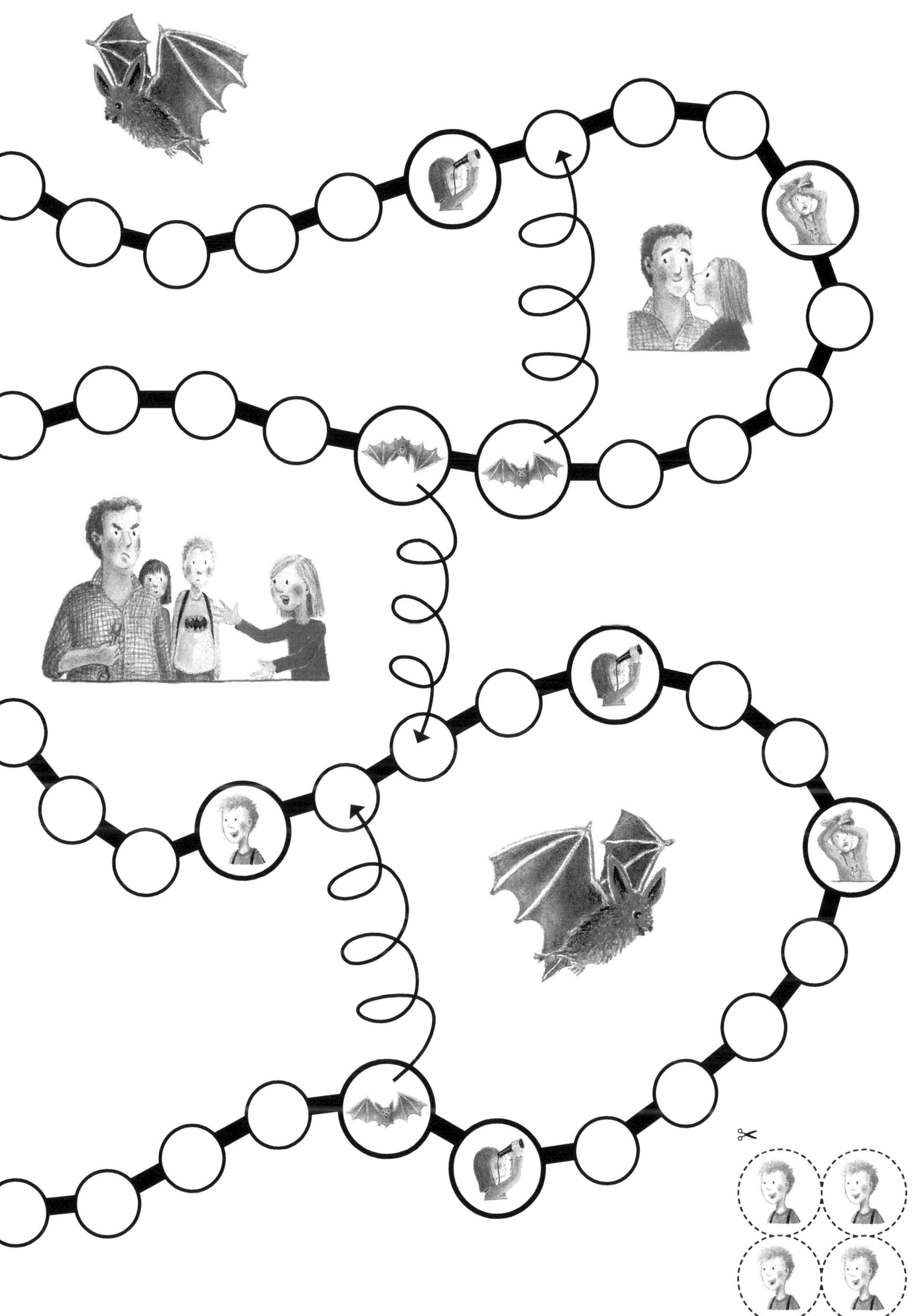

Flatterspiel

Fragekarten

✂

Wie heißt der Bauer, in dessen Scheune Fledermäuse sind? Bauer Sonnmann.	Was fressen heimische Fledermäuse? Insekten.	Beschreibe kurz den Fledermaus-Jahreslauf. Winterschlaf, Nachwuchs, Anfressen von Reserven, Aufsuchen der Winterquartiere.	Nenne zwei Fledermausarten. z. B. Großes Mausohr, Wasserfledermaus
Was spannt sich zwischen den Fingerknochen der Fledermaus? Die Flughaut.	Warum ist Pauls Taschenlampe mit einer roten Folie überzogen? Das rote Licht stört die Fledermäuse nicht.	Warum ist der Neubau der Scheune schlecht für die Fledermäuse? Weil der Bauer keine Einflugmöglichkeit mehr offen lassen will.	Vor was für einem Tier müssen Mia und Juli Klickklick beschützen? Vor einer Katze.
Warum fasst Paul die Fledermäuse nur mit Handschuhen an? Er schützt sich vor Tollwut.	Nenne eine Aufgabe eines Quartierbetreuers. z. B. Pflege der Nistkästen	Was findet Juli auf dem Boden der Scheune? Ein Fledermausjunges.	Was hat Paul immer in seinem Rucksack dabei? Nenne zwei Dinge. z. B. Handschuhe, eine Wärmflasche mit warmem Wasser
Erkläre, wie die Rettungsinsel für Klickklick aufgebaut ist. In einer Wanne steht eine mit einem Socken überzogene Flasche mit Wasser.	Paul freut sich, dass die Fledermäuse so viele Mücken fressen. Warum? Weil ihn dann weniger Mücken stechen können.	Wie orientieren sich Fledermäuse? Mithilfe von Ultraschalltönen.	Als was verkleidet sich Paul am Ende, um Alexander zu erschrecken? Als Riesenfledermaus.

